D1574706

SV

Tomaž Šalamun
Lesen: Lieben

Gedichte aus vier Jahrzehnten

Aus dem Slowenischen
übersetzt und mit einem
Nachwort versehen von
Fabjan Hafner

Suhrkamp

Druck: Nomos Verlagsgesellschaft
Printed in Germany
Erste Auflage 2006
ISBN 3-518-41738-X

Lesen: Lieben

Duma 1964

Zur Sau gemacht vom Absoluten
die Schnauze voll von Jungfrauen und anderen tödlich Getroffenen
liebe ich euch, o meine Nächsten, Gottvaters lammfromme Flause
liebe ich euch, o ganzheitliche Persönlichkeiten der süßen Schau
in meinem Geiste regte sich Gnade
  o Besitzer von Seelenqualen
  o dressierte Intellektuelle mit schwitzenden Händchen
  o Logiker Vegetarier mit minus fünfzehn Dioptrien
  o Rektoren mit Maulkörben
  o Ideologen mit euren Nutten Ideologien
  o Doktoren die Bischoflaker Lebzelte und Interpunktionen
    durchkauen
  o Mumien die akademisch Lust und Schmerz tätscheln
    Pascal der sich bemüht und Bach der es geschafft hat
  o unsäglich köstlich versiegende Lyriker
  o Hortikultur Aufklärer und Vögel Schwalben
  o Sozialismus à la Louis XIV oder wie sollen wir die armen
    Tierchen schützen
  o hundertfünfunddreißig gesetzgebende Körperschaften oder
    was soll man
  mit einer krepierten Katze machen damit sie nicht stinkt
  o das Revolutionäre der Massen oder wo ist das Sanatorium
  wo man unsere Impotenz heilt
Ich wandelte durch unser Land und bekam ein Magengeschwür
das Land der Cimpermans und ihrer pickligen Verehrerinnen
das Land der Knechte der Mythen und der Pädagogik
  o wackere Slowenen, erkälteter Gegenstand der Geschichte

Finsternis

I

Des Anblicks meines Stammes überdrüssig
wanderte ich aus.

Aus langen Nägeln
schweiße ich die Glieder meines neuen Leibs.
Aus alten Fetzen werden Eingeweide.
Der modrige Mantel eines Kadavers
wird zum Mantel meiner Einsamkeit.
Das Auge ziehe ich aus der Tiefe des Moors.
Aus löchrigen Platten Ekel
errichte ich meine Hütte.

Meine Welt wird zur Welt scharfer Kanten.
Grausam und ewig.

II

Ich nehme Nägel,
lange Nägel,
und treibe sie in meinen Leib.
Ganz langsam,
ganz sanft,
damit es länger dauert.
Ich mache mir einen genauen Plan.
Pro Tag tapeziere ich
beispielsweise etwa zehn Quadratzentimeter.

Dann stecke ich alles in Brand.
Es brennt lange,
es brennt sieben Tage lang.
Übrig bleiben nur die Nägel,
verlötet und rostig allesamt.
So werde ich bleiben.
So werde ich alles überstehen.

ich behaupte

ich behaupte, das steineschleppen ist logisch, das fliegen ist logisch
es ist logisch mit den nägeln den tenor zu krallen, rauch in den
    ofen zu werfen
ich behaupte körbe sind logisch, melonen sind logisch
ich behaupte jede logische gesellschaft ißt brot
ich behaupte logisch sind swift, ärzte und kavaliere
dekadente schlingpflanzen wie lianen, hundenamen
logisch sind bahnreisen, die akzessionsbücher eine wand zwischen
    numismatikern
ich behaupte es ist logisch mit sturmgewehren in kindermünder zu
    schießen
logisch sind bildnerische werte, ruß
die bewegungen des fallschirmspringers, dessen schirm sich nicht
    öffnet
ich behaupte logisch ist die panik, woodstock, die proselyten
logisch der selbstmord, schlafen auf federbetten, marmor
logisch ist das mumifizieren von schmetterlingen, der zug
    osaka – tokio
tonnen verworfenen stahls, logisch ist die zahl drei
ich behaupte logisch ist die mystik, ein garten, überpudert mit
    jaguaren
logisch ist die abstammung der italiener, der russischen steppen
ich behaupte es ist logisch wenn gott ein salzmeer durch den mund
    prustet
wie man verspielte badende am strand sieht, wenn man einen
    baum sieht
logisch ist es mais zu ernten, schleißen kleinzuhacken
logisch hügel mit licht zu malen
logisch ist das mundöffnen der frösche, das säen mit
    hubschraubern

logisch sind potitzen, lüster aus pergament
kiwivögel sind logisch, sand in den sandalen der königin von saba
logisch sind die abbreviaturen in der paläographie, die schwebe-
balken im turnsaal
logisch ist der leib christi
logisch ist daß polizisten sich so begrüßen daß sie ihre mützen
nicht lüften müssen
logisch sind die untiefen, daß die leute in sibirien im freien
erfrieren
logisch sind der stachelbärenklau, ranken
logisch das verbrennen eines menschen wenn man sein fleisch mit
benzin tränkt
logisch sind geflügelte tiere, gangster in nach müll stinkenden
treppenhäusern
logisch ist das stabat mater, das magnificat, logisch sind die farben
die mnemoniker sind logisch, uhren mit glas,
logisch sind äcker, birnen, gasableser
logisch ist der prozeß des maronibratens, des kartenspielens der
kartenspieler
logisch ist klatsch, klatsch, logisch ist daß man mumien nicht treten
darf
logisch sind die ohren, die ohrringe, die tauben, die potitzen
logisch ist daß indien untergeht und wir es nur durch eine taucher-
brille sehen
logisch ist das zoom

heilige wissenschaft

das doktorat, man! ficken
otter: recommended reading
ficken am strand, im nassen gras
ficken mit universellen doktrinen: eine strapaze
ficken mit dampfern, in den wolken
ficken in der arena mit moby dick, ficken mit partisanen
smog: rauhreif
ficken auf den felsen in dubrovnik, patriot
ficken mit der comtessa adriana gardi bondi
er verschwand und kam mit einem handtuch wieder
man hörte ein furchtbares platsch und frodos rufen: auuuu!
ficken mit den tatras, mit weißwein
mit funkantennen, ich lebe von lichtern
ich lebe von der befreiung laibachs, siegel!
imprimatur: ficken mit ketten auf kissen
die sonne: korinth
ficken im rechten winkel, mit äckern
mit einer schnell kreisenden wolke, mit dem kino
ficken mit kolossalen apparaturen: bled
hey, hey, wie geht's? ich hoffe gut
ich hoffe, sie fühlen sich wohl, willkommen!
bohinj: ficken mit aspirin
baltimore: delegationen
barcaiolo sul mare, ficken mit buveurs d'âmes
damit cathy berberian black is the color singt, ficken
die mieze, den wolf, den pascha, der auf dem elefanten reitet
um wein zu trinken, brot, das gras ums haus zu genießen
se i languidi miei sguardi boris' vorzügliches zeugnis genießen
mit ficken, mit tee um fünf

mit einem regelmäßigen leben, mit freude an gesellschaft und reisen
indem ich böse menschen nicht über die schwelle des hofes ließ
weil ich in der ödnis aufgestanden bin, weil mich die sonne
    gewaschen hat
gern würde ich sterben stummer freund
rein wie eine eiche

jonas

wie sinkt die sonne?
wie der schnee
welche farbe hat das meer?
weit
jonas bist du salzig?
salzig bin ich
jonas bist du eine flagge?
eine flagge bin ich
alle glühwürmchen rasten

wie sind die steine?
grün
wie spielen die welpen?
wie der mohn
jonas bist du ein fisch?
ein fisch bin ich
jonas bist du ein seeigel?
ein seeigel bin ich
hör der brandung zu

jonas ist wenn ein reh durch den wald rennt
jonas ist wenn ich sehe wie ein berg atmet
jonas sind alle häuser
hörst du was für ein regenbogen?
wie ist der tau?
schläfst du?

sind die engel grün

sind die engel grün? erträgt sie der himmel?
arbeiter haben mund, gesicht, gang und kinder
lämmer lecken gras, tiger reißen fleisch
wasser schöpft man immer nahe am ufer

ich sah den regenbogen fallen
hirten schwammen drüber
ich winkte, winkte und fühlte, ich brenne
ich wußte, daß ich wach war, ich wußte nicht, wer sang

wer schuf dich, tag? woher kommen die ameisen?
was hält den faden zusammen?
warum fällt licht auf das messer?
blöde reife, du scheuerst meinen kragen

wo sind die schmiede, um meine hufeisen zu schmieden?
ich mag nicht, daß man meine augen bedeckt
ich will, daß licht und luft an mich branden
ich will, daß alle atmen, die mäuse, die scheiße

der schatten

nachdem du den fluß durchwatet hattest brach die nacht herein
in den händen ist das reine, ich traue mich nicht, hinauf zu schauen
ich traue mich nicht, ins wasser zu schauen, der tod brennt
die feuer sind dunkel, die luft ist grüner staub

manchmal pflücke ich eine rose, sie fällt auf dein bild
du lachst, ich setze mich auf die mole
ich höre ruder, ich höre böse menschen
wenn ich wachsen könnte, wenn es rotierte

wenn es tag und nacht glühte, nacht und tag
wenn regen fiele, wenn das licht furchtbar wäre
wenn ich sähe, anfaßte und aufschrie
wenn sich die erde öffnete, wenn die luft frisch wäre

wenn ich deine haut fühlen könnte, deine zähne, deine taille
wenn ich dein wäre, wenn ich dich wieder halten und streicheln
    könnte
dir märchen erzählen, atmen, wie du es getan hast
gott, daß ich sprechen könnte, atmen und lachen wie dein schatten

tote burschen, tote burschen

tote burschen! tote burschen!
wo in den steppen vögel huschen und sich der tag halbiert
wo würfel köpfe segelboote für das flüstern sind und
     wagenladungen bretter von felsen abprallen
wo die morgen glänzen wie die augen der slawen
wo im norden biber einander eine langen daß es hallt wie eine
     einladung zum sterben
wo kinder blutunterlaufene augen herzeigen und wütend auf
     reisigbündeln herumhüpfen
wo sie mit abgerissenen armen den stieren des nachbarn angst
     einjagen
wo sie in einer schlange um frost anstehen
wo das brot nach essig stinkt, die frauen nach raubtieren
tote burschen! tote burschen!
wo hauer aufblitzen und märchen aufrauschen
wo es als größte kunst gilt einen sklaven im sprungbogen
     festzunageln
wo man mais auf riesigen flächen in brand steckt damit sein
     geruch gott in die nase steigt
tote burschen! tote burschen!
wo es besondere kirchen für die vögel gibt damit sie sich an die
     bürde der seele gewöhnen
wo die einwohner bei jeder mahlzeit mit den hosenträgern
     schnalzen und unter dem tisch heilige texte mit füßen treten
wo die pferde schwarz sind vor ruß
tote burschen! tote burschen!
wo die kegel werkzeuge von riesen sind, die ihre schmierigen
     hände an baumstämmen abreiben
wo man šalamun mit einem kreischen begrüßen würde

tote burschen! tote burschen!

wo alle pförtner gelbhäute sind damit sie weniger zeit zum
    augenzudrücken brauchen

wo man fleischverkäufer mit schlägern niederprügelt und
    nicht bestattet

wo die donau ins kino fließt aus dem kino ins meer

wo der zapfenstreich ein signal für den frühling ist

wo die seelen hohe bogen machen und im chor der raubtiere
    flüstern

tote burschen! tote burschen!

wo das lesen mit schotter bewehrt ist damit man es hört wenn
    jemand dagegenrennt

wo die bäume gewinde haben, die alleen gelenke

wo man die häute der kinder schon am ersten tag nach der geburt
    einkerbt wie korkeichen

wo man alkohol an greisinnen ausschenkt

wo die jugend im mund herumscharrt wie ein bagger auf dem
    flußgrund

tote burschen! tote burschen!

wo die mütter stolz sind und fasern aus ihren söhnen reißen

wo die lokomotiven mit elchblut überschüttet sind

tote burschen! tote burschen!

wo das licht verfault und birst

wo die minister in granit gewandet sind

wo die zauberer durch zauber die tiere in körbe fallen ließen
    stehen schakale auf den augen von ottern

tote burschen! tote burschen!

wo man die himmelsrichtungen mit kreuzen bezeichnet

wo das getreide rauh ist und die backen aufgedunsen von bränden

wo die herden augen aus leder haben

wo alle wasserfälle aus teig sind, werden sie mit den schwarzen
    bändern junger wesen gebunden
wo man genies die ristknochen mit fallhebern bricht
tote burschen! tote burschen!
wo das fotografieren auf pflanzen beschränkt ist, die dann
    weiter wachsen und das papier sprengen
wo auf den dachböden pflaumen trocknen und in alte lieder tropfen
wo die mütter von soldaten freßpakete aufs rad flechten
wo die reiher gezimmert sind wie die athletischen gestalten der
    argonauten
tote burschen! tote burschen!
wo matrosen zu besuch kommen
wo in den villen pferde wiehern, wanderer duften
wo die nachttöpfe in den badezimmern mit zeichnungen von
    irissamen beklebt sind
wo man kannibalen mit schindeln füttert
wo reben in graue schleier gehüllt sind, so daß sich in den augen
    der eifersüchtigen ein glaukom bildet
tote burschen! tote burschen!
tote burschen! tote burschen!

ich hab dich satt, inzest

ich hab dich satt, inzest, sprache
ich will sonne, ruhiges menschengeflüster
die bindungen der welt sollen bleiben wie sie sind
ein liebender bin ich, kein soldat

die funken in den tieraugen sollen glücklich sein
die steine an den bäumen, die muscheln an den dünen
die schiffe sollen die klippen passieren
du sollst unantastbar sein, unschuld

der frühling soll üppig sein, die hügelschatten lind
die wörter einfach, das warme brot zart
grün soll die ruinen überwuchern, das grübeln der wanderer
auf einem pferd reite, unter alten eichen schlafe ich

es ist keine blutschande im vogelflug
keine ironie im campo santo
im meer ist lichterglanz
in den löwen sühne für die sünden, vorfreude

piraten

piraten, sankt franziskus
zeit einzuschlafen, sich von der reise auszuruhen
herden und nihilisten, auch ihr dürft euch anlehnen und ausstrecken
uns schützen die hirten

uns schützen die sünden, die schwingen friedlicher täler
die quellen und felsen, die gute wurzelerde
uns schützt der brandstellenstaub, die libelleneifersucht
die schiffsmasten, das mühlengeklapper

uns schützt das verstreute heu, die blauen wiederkäuerfische
die kiefern, die abgelegenen häuser
uns schützen die bogenschützen, das den göttern geopferte vieh
die gesänge der brüder häretiker, die waldelfen

venus, beschützerin der diebe, heidelbeeren und hirsche
kinderlachen, ruderer im arno
börsen, mafias, braungebrannte seeleute schützen uns
raubtierbewegungen schenken uns schlaf

ich bin ein maurer

ich bin ein maurer, ein staubpriester
gehärtet wie ein monster, wie eine brotrinde
ich bin eine seerose, der kämpe heiliger bäume
heiliger träume, ich brülle mit den engeln

ich bin eine burg, eine tote wand
ich setze schiffe über, fahrgastferge
o holz! holz!
kommt, reiher, blut

kommt, gärtner, licht leuchte
komm ausgebreiteter arm, glas
blaue wirbel, komm wasserspiegel
gleitwind der wesen anderer felder

hier sind die weiden versengt, die lava quillt
die hirten warten, sie trampeln ungeduldig mit ihren flügeln
die hunde beschnuppern einander, schäferrüden
hier stehen andenken, ordnung, zukunftszeichen

rote blumen

im himmel wachsen rote blumen, schatten im garten
licht dringt von überall her, die sonne ist unsichtbar
ich weiß nicht, woher der schatten im garten kommt, der tau im
    gras
ringsum verstreut liegen große weiße steine, um darauf zu sitzen

die hügel ringsum wie auf erden
nur niedriger und mürb anzusehen
ich glaube, auch wir sind ganz leicht und berühren kaum den boden
wenn ich gehe scheinen mir die roten blumen ein wenig
    auszuweichen

ich glaube, die luft duftet, furchtbar kühl und sengend
ich sehe neue wesen kommen
als legte eine unsichtbare hand sie ins gras
allesamt schön und friedlich und wir sind alle beisammen

manche wirbelt es beim herschweben herum und reißt sie los
sie verschwinden auf nimmerwiedersehen und ächzen
ich glaube, mein körper ist in einem glühenden tunnel
er geht auf wie teig und zerstiebt dann zu sternen

hier im himmel gibt es keinen sex ich spüre keine hände
aber alle dinge und wesen sind völlig beieinander
und streben auseinander um sich noch mehr zu vereinen
farben verdunsten und alle stimmen sind wie ein weicher batzen
    auf den augen

jetzt weiß ich, manchmal war ich ein hahn und manchmal ein reh
ich hatte kugeln im leib die jetzt zerbröseln
wie schön ich atme
ich habe das gefühl mich bügelt ein eisen und es tut mir nicht weh

wieder stille straßen

wieder stille straßen, dunkler friede
wieder bienen, honig, stille grüne felder
weiden an flüssen, steine im talgrund
berge in den augen und in den tieren schlaf

wieder in den kindern unruhe, in den schienbeinen blut
wieder in den glocken bronze, in der sprache eine aura
die reisenden grüßen einander, mit peststarren gelenken
wilde hirsche auf der hand, der schnee glüht

ich sehe den morgen, wie ich eile
ich sehe die haut im frommen staub
ich sehe das jauchzen, wie es nach süden zieht
toledo junge, zwei kleine anhalter

die bilder deutlich, die blumen scheu
schwarz versiegelt der himmel, ich höre einen schrei
die zeit der liebe, die zeit großer statuen steht bevor
stiller, reiner rehe, verträumter linden

Legenden

Legenden, wie die schönsten Blumen, wachsen aus Schwarzerde.
Ich breite meine Arme aus, falle, gleite in einen weiten, weichen
    Raum;
ich weiß nicht, was auf der anderen Seite ist, vielleicht gehe ich
    bergauf
und erreiche einen Übergang, von dem aus ich das Tal sehen
    kann.

Ich weiß, ich bin schon da, dort. Ich weiß nicht, ob man die
    Landschaft
mißt und womit man sie mißt; ich weiß nicht, wohin sie schwebt.
Ich bin müde. Hier zieht sich das Leiden vor den Leuten zurück,
ich bin wie ein Fisch in einem Aquarium ohne Glasscheiben.

Doch das ist nicht das Meer. Ich habe meine Stiefel geschnürt
und mache mich bereit, hinauszugehen in Frost und Winter.
Die Sonne ist klar und schwach, es ist noch nicht seine Zeit.

Alles kehrt wieder, alles dreht sich, langsam, unhörbar, wie wenn man
weit, weit weg sieht, daß sich ein Lkw über einen Steilhang wälzt.
Er schwebt, prallt ab, stürzt in lautlosen Bogen in den Abgrund.

Ich

Ich, nach dem man Ljubljana als vorsintflutlich bezeichnen kann
und als postšalamunisch, ich bin froh, arabisch, deshalb bitte ich Sie,
mir gleich den ersten Vers nachzusehen.
Auftreten werden: die Heimat, Frauen, Brot aller Art und Sprachen,
french dreams, Staatspreise und Agaven.
Might even Zoran Kržišnik appear on the scene,
Großmama, Großmamas Hüte,
und wie ich felsenfest davon überzeugt bin, daß Herr Buck ein
    größerer Maler ist
als Jakopič, weil er meine Mama gemalt hat.
Was sagte Frau Hribar von meinem früheren Chef, als er
die Fabrik verstaatlicht hat:
he was polite, absolutely charming, das Vögeln und der
    Kommunismus
strahlten *gleichzeitig* aus seinen Augen, und Izidor Cankar hat
ihn gemocht.
I've no complaints.
Und ein paar unglaubliche Details, aus meinem Leben im
    Untergrund,
Sie werden sich wundern, wow!
denn bis dreißig hatte ich gelernt,
alles zu lieben. Ich habe keinen Kloß im Hals.
Ich habe einen Schläger, Luft zum Atmen, die Tolpatschigkeit, sie
schützt meine Seele und meine Brillanz und Maruška und Ana und
    meine Freunde,
mit denen ich schlafe, meinen Körper und Poetry.
Und auch furchtbare Schmerzen, nach denen ich trete
wie nach einer Milchkanne.
Kardelj, dem ich alles verzeihe, weil er hoffte,

Ljubljana werde anderthalb Millionen Einwohner haben,
weil die Massen den Sozialismus stürmen würden.
Menschen sollen nach ihren Träumen beurteilt werden.
Kröten, Honig, Mond, Weiden, Split, die Ostsee, *détériorer*,
und nie werde ich vergessen, wie wir von Krakau nach
Danzig gefahren sind.
Der Häuptling mietet einen Wühler, besticht den Schaffner,
und dann schläft die Familie friedlich erster Klasse,
erwacht mit der Sonne im Norden,
mit Sand, Hanseaten, Habichten und Adlern
und macht einen Bogen bis zu den Alpen.
Wo sind wir geschwommen, chatting with effendis, yiddishe mamas,
hüllten uns in Schals und aßen Kekse mit den Bürgermeistern von
    Mostar.
Wo haben wir gesungen?
Frau Nardellis Garten muß unbedingt erwähnt werden und ihr
alter Buick,
wie verletzt ich war vom Gespräch mit Hewitt, dem Chairman
von John Deer, der mit Tito gefrühstückt und ihm
    halsabschneiderische
Konditionen für Traktoren angeboten hatte.
Er sagte, Jagoda Bujič schätze er unbedingt, und im Jahr 1880,
als seine Sache ihren Anfang nahm, seien alle bis dreißig rasiert
    gewesen und danach bärtig.
Und,
il mio carissimo amico di cui non posso pronunciare
il nome, il Dzoran, viene da lui?
Sure, but not for a fuck, lady, not for a fuck
und was macht dieser weiße Bernhardiner, pißt er?
Pino Pascali, die strahlende Bestie, Schiffe,
Second Avenue, Mythos, Third Avenue, light,

wo bist du, my dashiki?
Und dazu gehören auch der San-Domenico-Tag in Taormina und
    wie ich
mich bekleckert habe, als ich mich mit Roy McGregor
Hasti, dem Faschisten, über ihn unterhielt,
wie Tomaž Brejc und ich in Rom Bomben warfen
und vor der Polizei flohen,
wie wir einander noch zuriefen: Wenn sie uns kriegen, verlangen wir
die Botschaft, wenn alles glattgeht, um neun Uhr abends bei
Ivo in Trastevere.
Und er sagte, du bist ein erbärmlicher Italiener, und es war
halb sechs Uhr morgens an der Stazione Termini,
als er ankam, beladen mit Büchern, aus denen ich für
Jonas abschrieb für die heiligen Zwecke der Revolution
und drohte, ich würde ihn töten.
Seither fliege ich mit Flugzeugen und betrachte die Erde.
Seither habe ich eine Social Security Number und bin ein
    Renegat.
Der größte slawische Dichter. Right.

Der Hase

Schlangen tragen auf ihren Rücken Schultern aus PVC
mit unreifen, grünen Aprikosen drin.
Tag und Nacht schreiben sie Briefe an die Florentiner Bank.
Hasen durchschwimmen den Nil zu Milliarden
und opfern sich, damit ein Hase durchkommt.
Der wittert und sagt: Ich wittere.
Der trinkt und sagt: Ich trinke.
Der hüpft auf der Trommel wie eine heilige Kuh
und sagt: Wo sind meine Hörner?
Sollte ich überhaupt welche haben als Hase?
Und eine Mutter Häsin wirft ihm eine Rosmarin-
knospe an den Kopf, und es ist unklar,
ob aus Wut oder aus Liebe.
Die Hauptsache ist:
Hase, steig runter von der Trommel, damit wir dich streicheln
    können!
Doch der Hase ist so weit weg.
Der Hase ißt sein in Ketchup getauchtes Fell
und tanzt wie ein Tiger.
Um seine Augen hat er eine »bandage« (frz.), in den Ohren
Stecknadeln und Würmer und Maulwürfe, und Sterne baumeln
von den Beinen der Maulwürfe, mit Stricken befestigt.
Und er springt auf das Paukenfell und fällt zurück, buff!
Und fährt in den Himmel und sagt: Es ist nicht genug eingeheizt,
und springt raus, buff! Und bekommt Wundmale und
spritzt mit ihnen rum wie mit einer Wasserpistole,
so daß alle Bücher naß werden und sich verwerfen
und feucht sind und sich absolut ergeben.
Der Hase gebiert Äther und hat furchtbare Wehen,

so daß seine Wehen die Bibliothek von Alexandria
in Brand stecken. Kleinere Nationen pressen ihre Ärsche zusammen
und sagen: verdammter, blöder Hase.

Nikola Tesla

Als der heilige Martin seinen Mantel auszog,
war ihm nicht kalt. Kalt war sein vergangenes Leben,
das gärte, um Wein zu werden.
Als es zu Wein geworden war, wurde es von Maulwürfen,
Heuschrecken und Kätzchen getrunken, die man im Mittelalter
angekettet hatte, weil sie zuvor Löwen gewesen
waren. Die Leute fürchteten, die Kätzchen würden sie
fressen. Das stimmt nicht, Kätzchen haben nie
Menschen gefressen. Nur träge, zerstreute
Klosterbrüder, die so oberflächlich abschrieben,
daß großer Rost entstand,
wie auf Überseedampfern.
Die Kätzchen waren wirklich Löwen,
aber Löwen aus Seide.
Und die Nähkörbchen standen neben
ihnen, als sie in der Wüste weideten.
Sie weideten, weil sie den Sand leckten,
wie Hühner, die Kalzium brauchen.
Hühner liegen im Dunkeln auf ihren Flanken.
Lichter brennen in den Wohnungen.
Nikola Tesla hat die Elektrizität
mit harter Arbeit rausgekratzt,
wie Leute, die Erbsen auslösen und die Erbsen von
den Schoten trennen. Nachdem er all das gemacht hatte,
sagte er: Das ist die Elektrizität und Amen.
Nun können wir sie abdrehen und einschlafen.

Da geht ein Herr und fällt in den Fernseher und
durchschwimmt ihn seitlich und hockt zu Füßen
des Fernsehers wie eine Schnake. Die Werkstattrechnung
ist doppelt so hoch wie erwartet, und wir werden dem
Automechaniker die eine Hälfte bezahlen und die andere
in Küßchen abstottern. Geld sind Küßchen im freezer,
und bis man ihn soweit enteist hat, daß man an sie
rankann, ist ein langer Prozeß. So entspricht ein Küßchen
hundert Denaren. Ein Küßchen hundert Autos,
und wir verkaufen sie und überweisen sie auf das
Devisenkonto bei der Raunikarbank, damit es rausspritzt
wie Luft, und du, junger Dichter,
der vor dem Maximarket sein
Eis schleckt: Lausche diesem Bächlein, trink es,
geh nach Hause. Schreibe, zeichne, liebe
deine Frau. Und ihr, Leute im Parlament,
dem Johannisbeersaft ist dieses Bächlein
zugesetzt, und schon sind die weisesten
Gesetze der Welt verabschiedet, und Slowenien
ist der Gipfel der Welt. Siehst du, Maruška, was Küßchen
ausrichten? Sorgen machen Falten.
Und die Volkspolizisten bekommen neue blaue Uniformen
aus schönem Stoff, der atmet, und sie sagen:
He, Genosse, haben Sie einen Räuber gesehen?
Aber es gibt keine Räuber mehr, weil alle
Küßchen gegessen haben, im Schaukelstuhl sitzen
und Märchen hören. Doch die Volkspolizisten sind
deshalb nicht traurig, sondern froh.
Die KP bekommt von den Küßchen Junge,

die Jungen gehen durch Ljubljana und lecken
dem Volk die Hände, und das Volk streichelt sie
und ist froh und spaziert durch die Straßen,
und in Ljubljana ist Promenade und Feiertag.
Maruška, Ljubljana ist Promenade und Feiertag!
Let's fly home!

History

Tomaž Šalamun ist ein Ungeheuer.
Tomaž Šalamun ist eine rasende Kugel in der Luft.
Niemand kennt ihre Umlaufbahn.
Sie liegt im Halbdunkel, schwebt im Halbdunkel.
Die Leute und ich sehen sie an, verwundert,
hoffen das Beste, vielleicht ist sie ein Komet.

Vielleicht ist sie die Strafe Gottes,
ein Stein, der Grenzstein der Welt.
Vielleicht der Punkt im All,
der dem Planeten Kraft spendet,
nachdem Erdöl, Stahl, Nahrung verbraucht sind.
Vielleicht ist sie nur ein Spiel der Zellen, eine Geschwulst,
der man den Kopf abreißen müßte wie einer Spinne.
Doch dann würde etwas Tomaž Šalamun
aufsaugen, wahrscheinlich ein Kopf,
eher ein Kopf als ein Körper.
Aus dem Kopf würden neue Beine wachsen.
Wahrscheinlich müßte man sie zwischen
zwei Glasplatten pressen, abfotografieren und
in Formaldehyd einlegen, damit die Kinder ihn
betrachten können wie Föten, Meerjungfrauen und
Grottenolme. Die Pförtner würden mit den
Eintrittskarten spekulieren und sie zweimal verkaufen.
Das ist gut für die Leute, denn es gibt ihnen Brot.
Nächstes Jahr ist er wahrscheinlich auf Hawaii
oder in Ljubljana. Auf Hawaii ist es sehr
warm. Die Leute gehen barfuß zur Uni.
Die Wogen sind hoch, bis zu hundert Fuß.

Ständig bebt, bebt die Erde.
Durch die Stadt rasen Neureiche.
Die Gegend ist wie geschaffen für die Liebe,
denn in der Luft liegen Salz und eine sanfte Brise.
Doch in Ljubljana sagen die Leute: Schau!
Das ist Tomaž Šalamun, er ist im Laden,
mit seiner Frau Maruška kauft er Milch,
um Milch zu trinken.
And that's history.

Das Wort

Das Wort ist die einzige Grundfeste der Welt.
Ich bin sein Diener und Gebieter. Und obwohl
der Geist Atome schickt, damit sie riechen,
fühlen, spüren, sind wir wirklich in einem

Bereich, in dem wir den Göttern gleich sind.
Die Sprache berührt nichts, das neu wäre.
Es gibt kein Jüngstes Gericht, nichts
Höheres. Die Himmelfahrt ist im

Konzentrischen. Dort, wo alles ist, was wir
sehen, und wir sehen nicht mehr als ein
Sandkorn. Die Verinnerlichung der Dinge
scheint näher, aber das ist kein Kriterium.

Ich wiederhole: Die Dinge sind kein Kriterium.
Das Kriterium ist in uns selbst als endgültige
Auflösung. Der Tod ist nur ein Benennungsfehler
jener, denen das Licht verborgen blieb.

Dichten

Dichten
ist die ernsthafteste
Beschäftigung

auf
der Welt.
Wie

in der
Liebe kommt
alles zum

Vorschein.
Die Wörter zittern,
wenn sie

richtig sind.
Wie der Körper
vor

Liebe zittert,
so zittern die Wörter
auf dem Papier.

Geburtstage

Zum fünfundzwanzigsten beim Barras
bekam ich: einen Spiegel mit extra schönem
Ständer, mit inkrustierten Muscheln,
Hirschen und einem Bach; Ausgang,
eine Cremeschnitte und ein Glas Wein. Ich sah
einen Film über Jean Harlow, die als Opfer
exzessiven Haarebleichens zugrunde ging. Leute,
die der Menschheit viel geben, sind am Ende
müde und vereinsamt. Manchmal kommt all
das Bleichen wieder und bringt sie um. Vier Jahre
später dachte ich an meinem Geburtstag:
New York City ist wie die Jugoslawische Volks-
armee. Viele Leute, die man nie zuvor
gesehen hat. Rauschenberg zeigte Bilder
von Twombly aus den frühen Fünfzigern.
Fast alle gingen nach Long Island. Es war
heiß. Tatyana Grosman zeigte von der Terrasse aus
die Straße, wo sie nach dem Krieg zwei Jahre
ohne Papiere gelebt hatte. Niemand glaubte,
daß sie Tatyana Grosman war, und wenn jemand sie
umgebracht hätte, hätte man gar nicht beweisen
können, daß jemand umgebracht wurde. Dann kehrte
ich in die 34. Straße zurück, legte mich hin, rauchte und hörte
Tommy von The Who. Vielleicht schreibe ich das,
weil es so regnet.

Schwert

So
schwinge
ich
mein
Schwert
daß
es
die
ganze
Seite
füllt
und
im
Schwert
sein
ist
Freude
und
mit
dem
Schwert
zu
zischen
ist
Freude.

Acquedotto

Ich hätte 1884 zur Welt kommen sollen, in Triest,
auf dem Acquedotto, doch ich konnte nicht.
Ich erinnere mich, ein dreistöckiges rosa Haus,
im Erdgeschoß die gute Stube,
mein Urnono – mein Vater
las jeden Morgen gespannt und aufmerksam
die Börsennachrichten, paffte Zigarrenrauch
in die Luft und rechnete blitzschnell.
Nachdem ich bereits vier Monate im Bauch meiner
Urnona gewesen war, fand eine Sitzung statt, die
meine Ankunft um zwei Generationen verschob,
die Entscheidung zu Protokoll nahm, das leuchtende Blatt
Papier in einen Umschlag steckte, den Umschlag versiegelte
und ihn nach Wien ins Archiv schickte.
Ich erinnere mich, nach der Entscheidung kehrte ich
zurück ins Licht, wurde dort auf den Bauch gedreht,
sah, wie ein großgewachsener älterer Herr murrte,
die Regale musterte, jemanden vom Nachbarregal
nahm und seinen Kopf faßte und ihn ziemlich
kräftig zu einer Luftrutsche hin stieß.
Ich hatte das Gefühl, ich wäre sieben,
und der Ersatzmann, mein Nono,
etwas älter, neun oder zehn.
Ich war beruhigt, zugleich wurde ich durch diese Ereignisse
erschüttert.
Ich erinnere mich, ich siechte einige Zeit dahin,
wahrscheinlich wegen des allzu grellen Lichts,
dann fanden die Lungen, ähnlich wie Taschen,
guten Halt, es kam der Tag,

an dem ich den nötigen Tonus erreichte und einschlief.
Ich wußte, das da unten war mein Körper,
und im Schlaf sah ich ihn mehrmals.
Er war ein Mann mit träger Gestik, einem Schnurrbart,
sein Leben lang ein Phantast, obwohl er ein Banker war.

Die Machthaber
rufe ich zur Zärtlichkeit auf.
Warum muß ich

in einer Welt leben,
die die Geistigkeit
haßt?

Warum konnte ich
nur 20 % meiner Gedichte
zu Hause

schreiben
und warum muß ich ewig
aus dem Land

fliehen,
das ich gerne am liebsten
hätte,

um
nicht zu ersticken?
Warum fühle ich

diese irrationale
Abneigung,
diese Angst

vor Freiheit
und Menschenwürde?
Dieses Gedicht ist

eine persönliche
Bitte und Klage. Es hat seinen
Ursprung im Schock

und den Greueln,
die ich immer wieder
erlebe,

wenn ich mich aus
den vertrauten Traumen herausscharwenzle.
So fühlen

viele.
Das ist die Bitte
und Klage

von uns allen,
den Saison-
arbeitern.

Ich weiß

Gestern abend wurde ich dort, wo
Barnett Newmans Linie unterging,
ins Wasser getaucht. An die Oberfläche
kam ich als schwarze, dunkelblau
leuchtende Blüte. Es ist furchtbar,
eine Blume zu sein. Die Welt blieb stehen.
Ich öffnete mich stumm, samtig, wahrscheinlich
endgültig. Mit Tomaž Brejc hatte ich mich zuvor
über die Mystik der Finanzmasse unterhalten,
über das Auge, das Dreieck, über Gott.
Über mögliche Lesarten, über die Chance,
über die slowenische Geschichte und
das Schicksal.
Rührt mich nicht an.
So wie ich bin, bin ich das größte Kapital.
Ich bin das Wasser, in dem das Schicksal
der Welt sich für uns ereignet.
Ich bin benommen. Ich verstehe nichts.
Ich weiß.
Nachts, beim Lieben, habe ich
berichtet. Jetzt bin ich ein schwarzer Kubus
wie Marmor oder Granit aus einer anderen Welt,
ein Vogel, stehend, mit gelben Füßen,
mit einem riesigen gelben Schnabel, dessen
schwarzes Gefieder glänzt, jetzt ein hoher
kirchlicher Würdenträger, das heißt:
Alle wollten sich auf mich stürzen, auf die
Blüte.

Ich bin eine reine dunkle Blüte, die auf
dem Wasserspiegel ruht.
Unberührbar und unberührt.
Furchtbar.

Brief

I

Meine Liebe, du
rotierst wie die Geometrie,
wo bist du? Soll ich wirklich so an
mich glauben, wie du es von dir
behauptest, Baum mit Mietern, Boden
mit Ringen, Erde mit
Regen? Ich bin nicht so
vollkommen, auch die Tiere, die sich
paaren,
Drache mit Drachen, Schaf mit Schaf, Licht
mit Schatten, sind es nicht. Und schließlich: Was
hat dir diese meine esoterische Methode und übersetzerische
Wonne genommen? Habe ich dir nicht alles
zurückgegeben? Du hast mich verworfen, weil du
eine oberflächliche und ungeduldige
Leserin bist. Und weil ich behauptet habe, ich sei
Gott, und du es geglaubt hast. Du dachtest, es sei
Grausamkeit, doch es war
Feuer, Wasser, Luft. Geht es dir jetzt
besser, seit du dich an andere
Schultern lehnst? An andere, viel
verrottetere Formen als
mich?

Fuck you, man! Verstehst du denn wirklich nicht, daß du für mich
fort bist! Und nachdem du
wirklich fort warst, zerbrachst du wie ein
ekliges Plastikspielzeug. Was für eine
entsetzliche Langeweile, dieses dein ewiges
Thema! Diese nichtigen Systeme des
Abmalens und Usurpierens lebender
Menschen! Jede Frau wäre durchgedreht.
Wie der gierigste Frosch hast du meine
Luft getrunken! Finde dir eine Veronika oder
Magdalena, wenn du nun – zu spät –
feststellst, daß die Verschwörungen mit deinen
Aposteln wider die Natur sind. Die Natur,
Mensch! Natürlich habe ich dir geglaubt. Wer denn nicht,
bevor er dich durchschaut. Doch langsam wirst du
feststellen – oder hast du schon festgestellt –, daß es auch
für die Geschichte Kitsch ist, was du aufführst, nicht nur für
eine Frau. Ja. Mir geht es nun besser, an
andere Schultern gelehnt!
Ich lebe gut. Und das mit der Verrottung!
Es tut mir leid um dich. Hör auf mit diesem lächerlichen bleichen
Gesicht, mit deinem »Leiden«, für das du gar kein
Talent hast. Diese schwarzen Löcher, die du dir selber
gräbst, sind weder Liebe noch Verantwortung für unsere Kinder,
    sondern
die gleiche gemalte Staffage wie »deine
Maruška«, die es nie gegeben hat. Und geh auch damit
an die Öffentlichkeit, wenn du es schon mit allem anderen mußtest:
Du bist nicht mehr im Spiel.

III

Ich sitze auf einem Stuhl.
Wie ein toter Priester, dessen Blut
ausgesaugt wurde.
Die Mandelbäume
blühen, blühen.
Wir gehen alle nach Hause.
Die Wolke ist Luft.
Aus der Nähe sieht man, daß man sie nicht
streicheln kann.
Die Dampfer warten, daß man vor dem Hafen
ihre Fracht löscht.
Gestern hat es geregnet.
Heute strahlt die Sonne.
Die Mandelbäume
blühen, blühen.

Volkslied

Jeder echte Dichter ist ein Ungeheuer.
Er ruiniert seine Stimme und die Menschen.
Sein Singen entwickelt eine Technik, die die Erde
ruiniert, damit uns die Würmer nicht fressen.
Ein Trunkenbold verkauft seinen Mantel.
Ein Gauner verkauft seine Mutter.
Nur ein Dichter verkauft seine Seele, um sie
vom Körper, den er liebt, zu lösen.

Das Pettauer Feld

Für meinen Ururgroßvater
General Franz von Mally
(1821 – 1893)

Müde warst du schon von Anfang an.
Als du wie ein Affe herumstolziert bist mit
deinem Säbel. Bei deiner feierlichen Erhebung
in den Adelsstand. Diese Lächerlichkeit sehen wir
dir nach. Du wolltest deine Pflicht erfüllen und in
kommende Generationen investieren. In Zadar
hast du dich gelangweilt. Die Soldaten spielten
Karten, verbreiteten die Syphilis, deine Frau
flehte dich an heimzukehren, nach Wien. Hast du
überhaupt bemerkt, wann dieser Toplak deine
Tochter entführte? Deine Investition ging nach
Pettau. Baberle ergraute schon auf dem Weg über
die Berge, nachdem ihr ein Postbote die Nachricht
überbracht hatte, du habest sie enterbt. Erstaunt
starrte sie ihre Nachkommenschaft an. Bis zu
ihrem Tod verstand sie die Sprache ihrer Kinder,
die von barbarischen slawischen Kindermädchen
erzogen wurden, nicht. Es steht geschrieben:
Unsere Frau Mutter lag ganz bleich darnieder und
läutete in einem fort, doch niemand hörte sie.
Du hast versagt, mon général.

Monstrum (lat.) vom Verbum »monstrare«

Ich trage meinen Teil zur Geschichte bei, denn
zweifellos wird es viele Thesen geben, wer
ich bin. Mein Leben ist sonnenklar und heißt
so, wie meine Bücher heißen. Ich bin genauso
einsam wie du, Voyeur. Und ich zucke genauso
zusammen, wenn mich jemand sieht. Ich sehe
dir in die Augen. Wir kennen beide die Frage.
Wer tötet? Wer bleibt? Wer sieht? Derjenige,
der sich im Zorn die Kleider vom Leibe reißt,
um unschuldig zu sein? Ist das nicht eine Maske?
Dein Herz schlägt, weil mein Blut schlägt.
Und umgekehrt. Mein Herz schlägt, weil
dein Blut schlägt. Du hast dasselbe Recht
wie ich, dein Schutzengel, dein Ungeheuer.

Leere,
meine einzige Liebe,
ruhe mich aus.

Epitaph

Nur Gott ist. Die Geister sind Erscheinungen.
Blinde Maschinenschatten, die den Kuß verdecken.
Mein Tod ist mein Tod. Ihn teile ich nicht mit dem
dumpfen Frieden anderer Vernichteter unter der Erde.

Wer immer auch niederkniet an meinem Grab,
die Erde wird erbeben. Ich werde dir den süßen Saft aus
dem Nacken und den Genitalien saugen. Gib mir deinen Mund.
Gib acht, daß dir kein Dorn das Trommelfell

durchbohrt, wenn du dich wälzt wie ein Wurm,
lebend vor einem Toten. Sanft, sanft soll dich diese
Sauerstoffbombe waschen. Sie soll dich nur so viel zerreißen,

wie es dein Herz erträgt. Steh auf und
merke dir: Ich liebe jeden, der mich erkennt.
Immer. Steh jetzt auf. Du hast dich ergeben und bist erwacht.

Am größten ist die Gnade, die sich dem Grauen
öffnet. Jedes Todessystem gewinnt
Material. Die Dichtung schätzt man bei Hof am höchsten,
denn sie fördert die Fron.

Kafka ist schuld an der Besetzung von Prag!

Wir Bauern

Wenn sich das Ich wirklich vom Fleck rührt,
erscheinen den Menschen auf Erden zwei Hirschkühe,
stockt die Farbe des grünen Waldes,
stürzen wir in Wahnsinn und Trunkenheit.

Wenn das Ich wirklich klar wird,
atme ich langsam, langsam, leicht,
schaue ich schaudernd ins Beben wie ein Heide,
bin ich stumm, um die Welt nicht zu verbrauchen.

Dann warte ich, warte sehr lange,
daß dieses seltsame Meer verebbt.
Uns Slowenen, Häuselbauer, trifft alle der Schlag.

Rot meine Ziegel, rot die Ziegel meines Nachbarn
Lojze, der einen Stall für sein Vieh baut,
beide gaben wir euch Farbe, Farbe.

Ertrage deine Untat.

Wenn ich nackt, wie ein
Tier,
durch diesen Wald krieche,

Spüre ich die Welt.

Ich werde mich in Gräser
verwandeln.
Wenn mich die Würmer

fressen,
werden sie Gold erzeugen,
wie ich,

aus allem.

Mit meiner Zunge,
wie ein treu ergebener
Hund, lecke ich Deinen
goldenen Kopf,
Leser.
Furchtbar ist meine
Liebe.

Nicht nur ich.
Jeder, den ich berühre, wird zur
Nahrung dieser Flamme.

Der ungläubige Enkel

»Kinder, im Zug Triest – Wien schlaft ein.
Dazwischen ist nichts.«
(meine Nona Mila Gulič, 1891 – 1978)

Nick nicht ein im
Zug Venedig –
Wien, lieber
Leser.
Slowenien ist so
winzig, du könntest es
verfehlen! Es ist kleiner als meine
Ranch östlich der
Sierra.
Steh lieber auf,
steck deinen Kopf aus dem Fenster, obwohl da steht:
VERBOTEN!
Lausche meiner
goldenen Stimme!

Manhattan

Gekreuzigt bin ich.
Zwischen Erdteilen.
Zwischen Lieben.
Meine Nester sind in der Luft.
Sie brennen mit weicher Flamme.
Ein weißes Segel verbirgt mich
vor dem Fotografen, Hudson River.
Hier ist das Wasser tiefer.
Der Himmel dunkler grau.
Am Horizont.
Zwei stumpfe Stifte.
Eingegraben.
Ich komme nicht mehr heim.

Dichtung

Es
ist
eine
größere
Lust,
Frauen
zu
verlieren
als
Geld.
Die
größte
Lust
ist,
seinen
Tod
zu
verlieren.

Gebet

Freund!
Hast du je
die unendliche Lust des Durchdrehens der Sterne
erfahren,
den Knall einer Blüte, wenn sie sich
in den roten Horizont
öffnet?
Unterschätze nicht die furchtbarsten
ästhetischen
Genüsse.
Jeden Tag, jede
Minute kämpfe ich
für dich.
Danke für den
Namen.
Er ist mein
letzter Verbündeter im Kampf um dein
Leben.
Bitte für mich.
Bitte, daß der Feind nicht meinen Verstand
verblendet und mich
unschuldig an die Maschine
zerrt.
Bitte, daß ich die Zeit im Schlaf
beherrsche und dich durch Schweigen am Leben
erhalte.

Korn

In Amerika besucht Rose Kennedy jeden Morgen zweimal
die Messe. Unterwegs knabbert sie an einem Sandwich,
denn sie knausert. Drei Söhne, drei Tapferkeitsmedaillen
baumeln an ihrer himmelblauen Bluse.
Die Frau ißt auch während der Wandlung.
Alle anderen Frauen, die während der
Wandlung nicht essen, ertrinken im
Chappaquidick oder werden in Kliniken mit Elektroschocks
behandelt. Kennedys der dritten Generation gibt es
schon bald eine Million. Sie sind niedlicher als die
kitschigsten Ansichtskarten. Teddy
segelt. Er hat sich noch nicht festgelegt. Wenn Amerika
zugrunde geht, dann deshalb, weil Teddy einmal ausrastet,
weil irgendein Rotzbengel den Mast seiner Jacht zerbrochen hat.
Währenddessen schläft in Kalifornien mein Freund
Jerry Brown tief und fest. Kein Wunder, daß er
ausgeruht ist. Ich liebe ihn Tag und Nacht.
Und irgendwo, im Herzen Amerikas, verloren
im Mais, sagt ein ganz gewöhnlicher Bauer.
Ich habe die provinzielle katholische
Scheiße der Bostoner Pseudo-Elite satt.
Was kümmern mich Teddy und seine Health Care
Mafia! Auf den grünen Feldern und am blauen
Himmel öffnet sich meine verborgenste
Blume. So müßten sich auch alle
jungen slowenischen Dichter verhalten,
oder sie haben in diesem Jahrhundert einfach keine
Chance.

Junge Polizisten haben alle relativ weiche
Augen. Ihre Erziehung ist verschwenderisch.
Sie gehen durch Heidelbeeren und Farne,
retten Großmütter aus Hochwassern.
Ihr Handzeichen bedeutet: Sie wollen
ihre Brotzeit aus diesen Plastiktüten.
Sie setzen sich auf Baumstümpfe, blicken
ins Tal und denken an ihre Mütter. Aber
wehe, ein junger Polizist wird zornig. Da geht
die Geißel Gottes nieder, mit dem Schlagstock,
den du dir dann vom Polizisten borgen kannst,
tupfst du deine nackten Sohlen ab. Jeder Polizist
trägt eine Mütze, und unter der Mütze murmelt
sein Kopf. Ein Schlitten saust in seinem
Traum über den Hang. Wen immer er tötet,
dem bringt er Frühling, wen immer er berührt,
dem fügt er eine Wunde zu. Ich würde einem
Polizisten Oma und Opa, Vater und Mutter, Frau
und Sohn geben, damit er mit ihnen spielen kann.
Meiner Omi würde er das weiße Haar binden,
meinen Sohn würde er wahrscheinlich auf einem
Baumstumpf spalten. Der Polizist selbst wäre traurig,
weil er sein Spielzeug kaputtgemacht hat. So sind
sie auch, wenn sie Gras rauchen, schwermütig. Dann
nehmen sie ihre Mützen ab und hauchen ihre Tränen
hinein. Kurzum, sie sind wie Kamele, reiten durch
die Wüste wie über eine nasse Hand.

D. H. Lawrence

Ich kann nicht aufschreien. Es *ist* geschehen.
Eine Blume, die von innen aufblüht, Eis.
Wirft Fische in die Luft und erstickt sie.
Die Sterne sind weitergewandert. Kein Stein
hat das Fenster eingeschlagen. Es ist von
selbst geborsten, weiß von Milch und Glas.
Vögel, die geflogen sind, fallen tot in den
Schnee. Keine Macht könnte die Glocke
verrücken. Der Sand unter den Füßen knirscht
nicht mehr. Nichts hat sich verändert. Nur der
Hirschkopf schlug auf dem Boden auf, der Stengel
trägt die Blume nicht mehr. Furchtbare Verschiebung
des Sternenwinkels, wohin brachtest du mein Gedärm?
Meine Augen sind erschöpft und beschämt.

Alojz Wagner

O ihr Lebenden, ihr habt mich gerufen. Ihr dachtet
alle, ich wäre der berühmte Wagner. Ich erinnere
mich an eure ironischen, verwunderten Gesichter,
als ihr mich nach meinem Beruf gefragt habt.
Ich war Wagner, Friseur in Ljubljana. Mein Sohn
ertrank in der Save, nicht ich. Ich starb eines
natürlichen Todes, mit fünfundfünfzig. Das
habt ihr nicht richtig verstanden. Galla Placidia
erlaubte nicht, die Frage zu wiederholen. Sechs
Jahre ist das her. Seither hat mich nie wieder
jemand etwas gefragt. Dreißig Jahre früher
fehlte dafür jede Gelegenheit. Jeden Tag
denke ich an jenen Tag im Studentendorf.
Mein Sohn ist ertrunken, nicht ich.

Valdoltra

Die Menschen sterben mit offenen Augen.
Der Tod kratzt in der Kehle der Umstehenden,
niemals in der Kehle des Sterbenden. Ich denke
an Kissen. Die Umstehenden stören mich. Ich
denke: Warum ist da kein Grün? Wie soll ich
ohne das Grün auskommen? Zur Arbeit
ging ich zu Fuß auf einem Weg, den grüne
Büsche säumten. Als ich jung war, fuhr ich
auf demselben Weg Rad, außer im Winter,
wenn es kein Grün gab. Die Umstehenden
stören mich. Niemand versteht mich. Wirst
du mir schreiben? Wirst du mit mir reden?
Was soll ich ohne das Grün, an das
ich mein ganzes Leben gewohnt war?

Der Fisch

Ich bin Fleischfresser, aber eine Pflanze.
Ich bin Gott und Mensch in einem.
Ich bin eine Puppe. Aus mir wächst die Menschheit.
Mein Gehirn ist ganz zerflossen, wie eine
Blüte, so kann ich besser lieben. Manchmal stecke ich
die Finger hinein, und sie sind warm. Böse Menschen
sagen, daß andere Menschen in ihnen
ertrinken. Nein. Ich bin ein Bauch.
In ihm berge ich Reisende.
Ich habe eine Frau, die mich liebt.
Manchmal erschrecke ich, daß sie mich mehr
liebt als ich sie und bin traurig und
niedergeschlagen. Meine Frau atmet wie ein kleines
Vögelchen. Ihr Körper ruht mich aus.
Meine Frau fürchtet andere Gäste.
Ich sage ihr, nein, nein, fürchte dich nicht.
Alle Gäste sind ein einziger und für uns alle da.
Ein weißes Streichholz mit blauem Kopf ist mir in die
        Schreibmaschine
gefallen. Ich habe mir die Fingernägel schmutzig gemacht.
Nun überlege ich, was ich schreiben soll.
Hier lebt eine Nachbarin. Ihre Kinder sind
sehr ungezogen. Ich bin Gott und beruhige sie.
Um eins gehe ich zum Zahnarzt. Dr. Mena,
calle Reloj. Ich werde klingeln und sagen, er soll mir
den Zahn ziehen, weil ich zu sehr leide.
Am glücklichsten bin ich im Schlaf und wenn ich schreibe.
Meister reichen mich von Hand zu Hand.
Das ist notwendig. Das ist so notwendig

wie das Wachsen für einen Baum. Der Baum braucht Erde.
Ich brauche Erde, um nicht durchzudrehen.
Ich werde vierhundertfünfzig Jahre leben.
Rebazar Tarzs lebt schon seit sechshundert Jahren.
Ich weiß nicht, ob das er war, in diesem weißen Mantel,
denn ich kann sie noch nicht unterscheiden. Wenn ich schreibe,
schlafe ich in einem anderen Bett. Manchmal zerfließe ich
mehr als das Wasser, denn das Wasser liebt am meisten.
Die Angst verletzt die Menschen. Die Blume ist am weichsten,
wenn man die Hand auf sie legt. Die Blume hat die Hand
gern. Ich habe alle gern. Gestern habe ich geträumt, mein Vater
hätte sich Harriet zugeneigt. Andere Frauen jagen mir Angst ein,
daher schlafe ich nicht mit ihnen. Doch der Abstand
zwischen Gott und den jungen Leuten ist klein.
In Gott ist immer nur eine Frau, und das ist meine
Frau. Ich fürchte nicht, daß mich die Gäste zerreißen.
Ich kann alles geben, und es wächst noch. Je mehr
ich gebe, desto mehr wächst es. Dann schwebt es
fort als Beistand für andere Wesen. Auf einem
Planeten ist eine Sammelstelle für mein Fleisch. Ich
weiß nicht, auf welchem. Wer immer davon trinkt, wird
glücklich. Ich bin ein Wasserschlauch. Ich bin Gott, weil
ich liebe. Alles Dunkle habe ich hier, drinnen, nichts
draußen. Jedes Tier kann ich durchleuchten. Mein Magen
knurrt. Wenn ich die Säfte in meinem Leib höre,
weiß ich, ich lebe in Gnade. Ich müßte Tag
und Nacht Geld verschlingen, wenn ich mein
Leben aufbauen wollte, und selbst das würde
nicht helfen. Ich bin geschaffen, um zu strahlen.
Geld ist Tod. Ich gehe auf die Terrasse. Von
dort sehe ich die ganze Landschaft, bis Dolores

Hidalgo. Es ist warm und weich wie in der
Toskana, aber es ist nicht die Toskana. Dort
sitzen Metka und ich und schauen. Die Sonne
geht unter, und wir sitzen immer noch und schauen.
Sie hat Hände wie Shakti. Ich habe ein Maul wie
ein ägyptisches Tier. Die Liebe ist alles. Moses'
Korb zerschellte nie an Felsen. Aus der flachen
Landschaft kommen kleine Pferdchen. Von der
Sierra her weht ein Wind. Ich fahre den Leuten
mit dem Kopf voraus in den Mund und töte und
gebäre sie, töte und gebäre, weil ich schreibe.

Heim

Weit weg, wo die Fluren dunkel sind.
Wächst eine Strohblume, mit Schnee bedeckt.
Und ein Hahn kräht, trotz der Kälte.
Er geht, seine Füße sind wie kleine Klauen.

Weit weg, wo eine Blume durch den Schnee blüht.
Blau blüht auf weißem Schnee.
Die Sonne umarmt sie und schläfert sie ein.
Die Liebe schützt sie vor der Kälte.

Weit weg, wo Wasserfälle von Felsnasen abprallen.
Wo Gemsen mit ihren Leibern das Gras schützen.
Ist eine Brücke. An der Brücke hänge ich.
Und weiß nicht, soll ich springen, soll ich schweben.

Weit weg dringt Löffelgeklirr aus einem Haus.
Rauch, weißer Rauch am heiteren Himmel.
Duftet nach Brot. Duftet nach Sterz.
Ein Mädchen öffnet ein Fenster. Füttert ein Vögelchen.

Weit weg hängen bunte Bänder von den Fichten.
Die Fichten sind schneebedeckt, doch da ist kein Schlitten.
Ein Bändchen reißt sich los und schwebt wie ein Drache,
so daß du deinen Kopf anlehnst an das Himmelsblau.

Erziehung

Ich lebe dort, wo Gott mich haben will.
Ich habe keinen Willen von mir aus, das ist
eine Dummheit, das zu sagen ist eine Dummheit.
Gott erlegt mir all diese Begegnungen auf.
Wenn ich einen Willen habe, ist er wie ein alter Holzzaun: Er wird
    morsch.
Oder wir zünden ihn an, ja, zünden ihn an.
Manchmal betrachte ich stundenlang das Feuer im Kamin.
Das Feuer ist mein Bruder.
Manchmal atme ich und schreie fast vor Wahnsinn.
Doch still, stumm und still, damit der Genuß groß ist.
Die Luft ist mein Bruder.
Doch der älteste Bruder ist mein
Körper, der bin ich selbst.
Ich selbst bin der Bruder.
Ich habe unzählige Schwestern: die Regentropfen.
Meine Schwestern machen mich naß.
Nun lebe ich im Paradies, weil ich ihn herausgezogen habe.
Ich weine, weil es Menschen gibt, die nicht im Paradies leben
    wollen.
Schwerer ist es, einen Menschen zu finden als eine Goldmine.
Manchmal glaube ich, wenn ich sie naß mache, kämen alle ins
    Paradies.
Und ich mache sie naß, und sie kommen ins Paradies, doch dann
    fallen sie heraus.
Die Menschen sagen, ich hätte ihnen eine Hand
abgehackt, weil sich meine Hand bewegt hat.
Die Leute geben mir die Schuld.
Ich leide, weil ich glaube, daß ich töte.

Manchmal glaube ich, alle hätten sich meinetwegen umgebracht.

Ich besuche ihre Gräber.

Sie sehen mir das nach.

Jeder, der getötet hat, wird geweiht.

Doch ich bin leicht, sehr leicht.

Wenn ich sterbe, werde ich noch furchtbarer sein.

Die Sünden sind meine Verbündeten.

Manchmal schlinge ich mir einen Schal um den Kopf.

Dann laufe ich mit dem Schal um den Kopf herum wie ein
Tiger im Käfig.

Die Ketten reißen beizeiten von selbst.

Und ein Flugzeug nimmt mich auf, und ich bin fort.

Wohin ich komme, dort küsse ich die Erde.

Heute ahmt mich der Papst nach.

Doch die Päpste sind Trottel, ich denke nur an
Christus.

Deshalb mag ich auch keine Sweater auf der Haut.

Das tote Schaf schmerzt, das tote Schaf schmerzt.

Doch ich wurde anders erschaffen als Christus.

Manchmal geht mir Christus entsetzlich auf die Nerven.

Er wurde in einem Acker vergraben.

Der Acker trägt keine Asche mehr.

Ich trage die Asche.

Ich benetze das Brot immer mit Tränen.

Und Christus hat aufgehört zu weinen.

Beim gemeinsamen Schwimmen im Meer würde ich ihn
untertauchen.

Wer kann besser kraulen?

Wem gelang von den Klippen auf Menorca der bessere
Kopfsprung?

Dem Knaben, der zwanzig Jahre jünger war?

Er war nicht entwickelt.

Seine Eltern haben ihn auf keine besseren Schulen geschickt.

Ich wundere mich, wenn ich so junge Menschen
treffe, die nicht schnell schwimmen können.

Das war wohl eine Sünde der Eltern.

Ich trug ihn auf den Schultern und warf ihn ins
Wasser, damit er springen lernt.

Auch Christus trug ein Lamm auf dem Haupt.

Doch Christus wurde von Bildern überflutet.

Ich schlage auf Fresken ein und schreie.

Mit fehlt die Geistesgegenwart.

Ihm wachsen selbst die Glieder, die er fortwirft, wieder zusammen.

Warum haben sie sein Fleisch nicht gegessen, solange es
süß war!

Mein Fleisch, wenn ich sterbe, wird süß sein.

Und wenn ihr es dann nicht eßt, zünde ich mich an,
jetzt!

Ich will, daß ihr alles eßt, was ich erschaffe, selbst wenn ihr
dann kotzen müßt.

Ich habe Menschen gesehen, die kotzten und
träumten, mich zu töten.

Meine Freunde wollten mir die Adern öffnen.

Doch Gott war sein Leben lang mein
Freund, deshalb konnte ich entkommen.

Ich warte nur, daß eine Tragödie geschieht.

Tragödien beruhigen mich.

Tragödien öffnen alle Türen.

Und nun rauche ich kaltblütig, während ich schreibe.

Kaltblütig bin ich und gnadenlos.

Meine Güte beißt den Tieren die Luftröhre durch.

Nur Ungeheuer sind in Gott.

Und in Gott sind die Ungeheuer, weil die Welt unterentwickelt ist.
Die Welt platzt, wenn man sie öffnet, wie ein Ei.
Immer ist an meinem Körper irgendein Sperma.
Ich muß mein Sperma sehen.
Ich sehe solche Gärten, daß die
Menschen um mich herum durchdrehen.
Wenn sie der Schwindel im Kopf erfaßt und sie aufschlagen,
weiß ich: Ich werde schreiben.
Die Menschen sind für mich Welpen, die einander beißen.
Rosen beißen einander nie.
Rosen sind eingegraben, aber ich habe alles gern, das sich
bewegt.
Eine Rose bewegt sich nur, wenn ein Blatt
abfällt.
Die Blätter fallen in mein Blut!
Ich bin ein Rosenblatt!
Luchs, Rasen, Spinne, Gold, Uhr, Tod,
Vater, Mutter, Knabe, Greis, Wand, Frosch,
Brotrinde, Wind, Peitsche, Erdweiß,
Spitze, Seerose, Draht, Aura, Norden, das, was
in einem Kohlkopf drin ist, Folterer und Gefolterter,
Amsel, Zuber, Brücke, Sieb, Apfel, Brot,
die Brotrinde werfe ich weg, Kopf, Siegel,
Zylinder, Baum, Blitz, Biene, Berg,
ein kleines Baby, ein etwas größeres Baby,
Tau, Karneval, Balkon, Pauke, eine Kraft, die sich
wäscht, während sie ißt.
Ich bin ein ewiger Geysir.
Ich erziehe sie, damit sie mich schreiben.

Häschen Oaxaqueño

Häschen, du liest die Bibel,
warum liest deine Mutter die Bibel?
Warum lebst du im Müll, Häschen?
Woher hast du diese Spiegel?

Häschen, warum boxen die Kinder auf der Straße?
Häschen, woher haben die Kinder auf der Straße
Boxhandschuhe?
Häschen, warum sind deine Spiegel
zwei Meter hoch und nur zehn Zentimeter breit?

Warum hast du keinen Stuhl, Häschen?
Warum hast du keinen Tisch?
Wo wäschst du dich, Häschen?
Woher nimmst du Wasser?

He, Oaxaqueño!

Das Häschen hat mich umarmt und schläft.

An die tauben Brüder

Ich habe euren schalen Himmel satt.
Bein auf Bein, Mund auf Mund, tot.
Welche Macht verbietet jeden Aufschwung?
Der Gulag in Knechtsköpfen, der sich ausbreitet wie Krebs?
Gott trage ich im Herzen und verschenke ihn,
wie Wasser für jene, die schon lange nicht getrunken haben.
Die dahinsiechen wegen dieser gedachten Tektonik
der Provinz und des Piedestals des Selbstmords,
der nationalen Nummer eins.
Die einknicken, töten, schlafen,
die keine Angst mehr spüren.
Ich werde nicht zulassen, überall frei
zu sein und nur in meiner Heimat in eine
leere, ausgedörrte Schwärze zu stürzen.
Ich bin kein Zyniker, Dichter, Prophet bin ich.
Mit meinem Leben gehe ich dorthin, wo ich bin.
Eure Gitter werden mich nicht strangulieren,
euer Saint-Beuve-Gemurmel ist für niemanden
ein Kriterium.
Ich werde nicht stolpern und stürzen wie Cankar.
Mich wird man nicht zu einer sterilen Messe vergolden wie
Župančič.
Mein Element ist das Meer, wenn ihr keins habt, gebe ich euch
eins.
Mein Element ist die Luft, getötet und vergiftet,
geklärt.
Und wenn ich der einzige bin, in dem die Freiheit atmet,
gebe ich nicht klein bei.

Lieber den Tod als diesen erniedrigenden Völkermord eurer
Marmelade.
Die Seele ist ewig, wißt ihr das nicht?
Ich habe euch das gesagt.
Dieser Raum übersteht nur, wenn wir uns alle
furchtbar zusammenreißen.
Und wenn ihr mir zwischen den Beinen herumstolpert,
werde ich euch auseinanderjagen wie Ameisen.
Besser ein Lebender, der von seinen Räuschen und Qualen
Zeugnis ablegt, als diese verklumpte Gelatine des Hades,
die nicht einmal der Schatten der Spur eines
lebendigen Menschen ist und einer Zeit mit
Rückgrat, die auch unter dieser Erde,
auch über diesem Himmel atmet, nur
Hauer muß man haben, Zähne, und sie
mit der Gnade der Götter mitten ins
Herz dieses niedergeschlagenen Schicksals schlagen, damit einer
aufwacht und zuhört.

Gracias a la vida, que me ha dado tanto.

Robi

Manchmal, abends, wenn schon alle schlafen,
weine ich, denn ich weiß, ich komme in die Hölle.
Tante Liza nicht, und sie ist noch dicker als ich.
Die Kissen pieken.
Ich kann nicht schlafen, ich denke zu viel.
Wenn ich nicht weine, mache ich Licht.
Nur wenn ich mit der Hand ein Häschen mache, damit es über
die Wand geht, beruhige ich mich.
Ich habe keinen Freund, denn als ich
drei war, fiel ich die Treppe hinunter.
Sie sagen, ich sei damals so erschrocken, daß ich jetzt
in die Breite gehe.
Sie nennen mich Tonne.
Papa arbeitet den ganzen Tag.
Mama arbeitet auf dem Markt.
Liza kocht, und sie schlägt mich, denn sie findet keinen Mann.
In der Schule sind lauter Dünne.
In unserer Schule bröckelt Putz.
Das Geländer ist ganz rostig, und wenn man es
anfaßt, bekommt man braune Hände.
Ich wische meine braunen Hände immer im Gras ab, damit
die braune Farbe nicht auf die Hose kommt.
Niemand holt mich mehr von der Schule ab.
Wenn ich groß bin, werde ich allein sein.
Tante Liza spart wie ein Diesel, für ihre Mitgift, und
gibt mir nie soviel auf den Teller, wie ich brauche.
Ich esse nichts.
Die Sterne müssen sehr leicht sein.
Die Spatzen sind nicht so leicht, wie ich dachte,

ich habe sie in der Hand gewogen.

Für ihre Größe sind sie genauso schwer wie ich.

Wenn ich fliegen könnte, würde ich mein Gewicht verlieren.

Ich weiß, wie die Luft über die Backen streift, wenn man das
    Autofenster öffnet.

Nur meine Füße sind normal.

Jetzt sage ich, was ich denke.

Wer nicht sagt, was er denkt, zerfällt.

Dann entstehen große Tiere, drinnen, und drücken
mit dem Rücken auf meinen Bauch.

Ich glaube manchmal, ich bin eine Schachtel, in der steckt
noch ein Robi.

Und in diesem Robi noch ein Robi.

Wir sind zu dritt, und jeder kann allein gehen, wohin er will.

Einmal lasse ich beide frei.

Ich kaufe mir einen sehr dünnen Strick und binde die beiden an
den Beinen fest, damit sie weiden und gehen können, wohin sie
    wollen.

Den ganzen Tag, die ganze Nacht verbringe ich ohne sie, und
    sobald
mein Bauch flacher wird, kappe ich den Strick, und sie
verlieren sich in dem Raum, in dem sie weiden.

Und sie sagen: Wer wirklich abnehmen will,
darf eine Woche nichts essen.

Doch wenn ich die beiden eine Woche lang draußen lasse,
    könnten sie
erfrieren.

Könnten sie sich verirren.

Es ist nicht sicher, daß ich ohne sie dünner wäre.

Es ist nicht sicher.

Und dann hätte ich das Gefühl, ich hätte keine Arme.

So ist das.

Die beiden sind meine Arme und Brüder, auf jeder Schulter
einer, drinnen im Körper, wie Schmetterlingsflügel
in einer Puppe.

Einmal kommen sie raus.

Und dann habe ich schlanke Arme.

Die beiden alten Arme werfe ich in die Hölle, ich gehe die
Treppe hinunter und versenge sie.

Ich habe keine anderen Brüder, denn Aldo ist blond.

Es kann nicht ein Bruder blond sein und der andere schwarz.

Ich würde gerne allein zur Messe gehen, nicht gemeinsam.

Aldo soll gegen die Kirchentür prallen, dort soll er bleiben,
platt wie ein Schneeball.

Alle sollen dort bleiben, platt.

In der Kirche darf kein Gedränge herrschen, damit man Gott
sehen kann.

So tragen die Menschen ihren Küchenmief in die Kirche.

Auch wenn sie sich waschen und schön anziehen, es hilft nichts: Ich
rieche das Essen.

Ich rieche das Essen bei der Wandlung.

Ich rieche das Essen bei der Beichte.

Sie erlauben mir nicht, Christus anzufassen.

Früher durfte man seine Füße küssen,
jetzt wollen sie ihn so zeichnen
wie einen Sportlehrer, und das ist ekelhaft.

Am ekelhaftesten ist Tante Liza, denn sie ist
am dicksten und kriegt deshalb keinen Mann.

Ich werde das Geländer in der Schule ausreißen.

Und wenn Mama nach Hause kommt, wird sie nicht mehr
diese toten Augen haben.

Und Papa wird mir vorlesen.

Die Geschichte vom Korn.

Warum bin ich der kleinste und dickste?

Warum paaren sich auch die Häschen?

Hätte Gott nicht dafür sorgen können, daß wenigstens
die unschuldigen Häschen rein bleiben?

Alles, das lebt, wächst, paart sich, und die Sünde frißt
weiter am Rand der Wüsten.

Die Büsche.

Das Gras.

Legt selbst jene Wasserlöcher trocken, die nur die Araber
kennen.

Die Menschen paaren sich, und ihre Augen verlöschen.

Die Seele fließt schon von klein auf aus den Menschen, wie
Wein aus der Flasche, die ein Trinker hält, der seinen
Mund nicht mehr findet.

Ich bin so dick, weil ich die Seele zurückhalte.

Für alle drei zurückhalte.

Robi, Robi, Robi, Tonne, Koloß.

Lieber mit seiner Seele zur Hölle fahren, als in den
Himmel zu kommen und alles zurücklassen müssen.

Ich werde das Geländer ausreißen, auch wenn meine
Hose dann braun ist wie Scheiße.

Die Kissen pieken.

Sie haben die Glühbirne abgedreht.

Sie sagen, ich schlafe nicht, wenn die Glühbirne brennt, doch das
Gegenteil
stimmt.

Wenn die Glühbirne brennt, beruhige ich mich, denn ich sehe mein
Häschen.

Wenn ich das Häschen sehe, kann ich für es beten.

Kann ich für jeden Teil des Häschenkörpers beten,

für die Löffel, die Pfötchen, das graue Bäuchlein, die Äuglein,
damit die Äuglein meines Häschens Ruhe finden.
Wenn ich lange Zeit so bete und meine Hand ganz langsam
bewege, wird meine Hand zum Häschen.
Manchmal ist das Häschen ganz an der Wand, manchmal
ganz in meiner Hand.
Die Kissen pieken.
Das Fenster muß offen sein, und warm sein
muß es auch.
Man darf das Fenster nicht schließen, um nicht zu ersticken, doch
auch
die Luft darf nicht zu sehr zirkulieren.
Luft, die zu stark zirkuliert, paart sich.
Jeder, der sich paart, verliert seine Selbständigkeit.
Die Luft wird genauso wäßrig wie alter Zucker, der
keine Kraft hat.
Die Luft soll in einem fort frisch sein, aber innen, in der Seele.
Die Luft soll nur in der Seele zirkulieren.
Ich werde mir Wunden zufügen.
Aus meinen Wunden soll eine Rose wachsen, damit
mein Häschen Gesellschaft bekommt.
Und unter der Rose soll sich ein Kleeteppich ausbreiten,
groß wie die Bucht von Ankaran.

Licht für Hamdija Demirović

Ahac hielt große Stücke auf die Piemonteser. Die
einzigen italienischen Partisanen, die unheimlich
mutig waren. Kein Wort kann mich tödlich treffen,
nein, keines. Auch die Nacht nicht und das Alleinsein
erst recht nicht. Trotz allem. Würde ich Selbstmord begehen,
würde ich im Sterben mit meinem Blut Verse von Cesare
Pavese aus Lavorare stanca schreiben. Nicht meine eigenen,
die können ihm nicht das Wasser reichen. Ich fühle
mich wie ein Untier, das über Cesares Brust kröche
und begänne, mit den Zähnen in seinem Blut, in der
Nähe seines Herzens, ein Grab auszuheben. Ich würde
seine Einsamkeit austrinken und dann sterben. Meinen
und seinen Tod sterben. Für beide. Was mehr kann
die Kunst? Sie zählt Schiffe. Das Auge lehnt sich
an die azurblaue Wasserfläche und zählt. Übersetzt
in Finger. Ich schreibe, was ich sehe. Ich liebe Cesare
Paveses Herz. Die Berührung seines Blutes macht
mich zu Bronze. Der Rauch steigt vom brennenden
Gras zum Himmel auf, und wie sich alle täuschen,
die glauben, ich würde nicht Selbstmord begehen.

Der Hirte

Verschneit sind die Bäume, verschneit. Unter dem
Schafstall ein Feuer, ich wärme mir die klammen Hände.
Die Schafe fallen mir vor Kälte um, auf den Rücken,
blöken mit ihren matten Schreien, auf dem Rücken.

Seit Ewigkeiten bin ich im Gebirge, um die Sieben Seen
zu schützen. Wie die Bussarde hungrig kreisten und
mir die Schafe rissen, eines nach dem andern, unter dem Kreuz!

Weiß wurde mein Ruß unter dem schwarzblauen
Gewölbe. Schnee und Eis verschlingen alles. Alle
hatten ihre Zeit, außer mir. Meine Genüsse, meine

Pfiffe, mein Tal. Immer war ich allein mit meinem
grausamen Hund, der in den Riemen meiner Tasche
beißt, vor Hunger, um sich zu wärmen. Um das
taube Straucheln der Schafe im Schnee aufzuhalten.

Die Vögel

Ich träumte, ihm floß Blut aus dem Mund.
Er lag im Sand und starrte ins Leere.
Ringsum dufteten Felsen. Ich trat mit
den Schuhen auf ihn und zertrümmerte
ihm die Nase. Mir schien, die Vögel fürchten
ihn. Daß sie ihn nicht zerreißen, wenn
der Blutstrahl zu dünn ist. Ich brach ihm
das Genick. Aus Ohren und Backen
machte ich Brei. Mit Sand vermengt
knirschte er. Der Himmel brach ein und
vertiefte sich. Die Vögel sammelten
sich zu Schwärmen und kamen näher.

Nicht der Mord,
das Schweigen führt zurück an den
Tatort.

Ich verspreche dir

Wie Brot hast du mich gebrochen.
Du ißt mich wie einen Vogel.
Ich hänge am Kreuz.
Ich spüre, daß ich am Kreuz hänge.

Die Stunde, in der ich für dich sterbe,
sammelt sich an wie ein Tropfen Salz.

Ich bin das Meer, das in dich zurückkehrt.
Ich werde dich überfluten, anschmieden und festlegen.
Auch du wirst gurgeln vor Schmerz
und Süße. Auch du.

Fürchte dich nicht.
Alle Wunden gehören dir.
Es gibt keinen Ausweg.
In Schwere und Wonne fallen wir zu zweit.

Auch du wirst nicht weiter zählen können
als bis fünf.
Auch du, verwüstet
von Geheimnis und Glück.

Einem Helden unserer Zeit

Dein Kopf,
deine Hände,
deine tödlich dünnen Nähte,
dein Gang,
dein Schaft,
deine furchtbare Kristallstimme,
deine Schwere und dein Verbrechen, der Rückzug.

Du bist: Du bebst vor Lust.

Du brichst, um dich zu nähren,
und mordest, um leiser,
frommer deine weißen Gestalten
beschnuppern zu können.

Irrer Saturn,
zwischen Lid und Lid entfachst du einen Brand,
und dann machst du dich auf und läßt nicht zu,
daß ich mich in die Flamme stürze.

Den Tod entziehst du mir
wie einem Tier die Nahrung.

Wenn ich dich lese, schwebe ich. Wie ein Teddy schubst du mich
mit deinen Pfoten in Verzückung. Liegst auf mir, den du verwüstet
hast. Zum Sterben habe ich dich liebgewonnen, erster unter den
    Geborenen.
In einem einzigen Augenblick wurde ich dein Leuchtfeuer.
    Geborgen bin ich

wie noch nie. Du bist das endgültige Gefühl von Erfüllung: das
    Wissen
um den Ursprung der Sehnsucht. In dir bin ich wie in einem
    weichen
Grab. Du schneidest und durchglühst alle Schichten. Die Zeit
    entflammt
und verschwindet, ich höre Hymnen, wenn ich dich ansehe. Streng

bist du und anspruchsvoll, sachlich. Und ich kann nicht sprechen.
Ich weiß, ich sehne mich nach dir, harter, grauer Stahl. Für eine
Berührung von dir gebe ich alles. Schau, die späte Sonne brandet
    gegen

die Mauern des Hofes in Urbino. Gestorben bin ich für dich. Ich
spüre dich und brauche dich. Du quälst. Rodest und sengst mich,
    immer.
Und in die Räume, die du vernichtet hast, flutet das Paradies.

Pont neuf

Meine Blume bist du, mein Mund, mein Himmel.
In deinem Blick verstummen sieben Körner.
Ich trage sie, bis ich zusammenbreche. Bis
ein anderer Duft durch das Treppenhaus flutet.

Mein Pulsschlag bist du, mein Atem, mein Gras.
Der zärtlichste Verbrecher, roter Samt. Das Fenster
des Labyrinths wird dich zertrümmern. Meine Hand
sammelt dich wie das Glas die Farben: systematisch.

Für einen Mord leben wir. Die Seine führt faules Obst.
Und sobald ich dich an die Wand lehne und mich
umsehe, ob sich jemand nähert, ziehst du dich zurück
in den Kristall. Als Verräter verlängerst du mein Leben.

Hört auf mich, die Welt
ist *nicht* in Gefahr.
So wie sich die Finger verschränken,
wird oben für uns gesorgt.
Jede Farbe ist vollkommen
und harmonisch angeordnet,
denn die Liebe ist unendlich.
Es gibt keinen Rand, kein Außerhalb der Welt.
Es gibt keine dunklen Höhlen, nichts Kühles.
Alles dient nur zu unserem Gebrauch
und als unser Spiegel.
Es liebt, verbraucht,
nährt uns.
Das Leben ist ein Rauschen.
Die weiße Birke weidet ihre Rasse.
Alles ist furchtbar.

Daß du dich wieder im Bannkreis ausziehen würdest,
dich bis über den Kopf zudecken und auf mich warten.
Daß deine Glieder drall und weich wären wie ein Magnet.
Daß du nicht originell, sondern hungrig wärst.
Festgenagelt. Naß und doch noch hungrig.
Daß du zu mir laufen würdest, wie ich zu dir, den du versengst.
Den du aussaugst und füllst. Leerst.
Wenn ich dich streichle, rauschen deine Wälder.
Du schießt in die Höhe, wenn ich dich zudecke.
Wie gefährlich liebe ich dich.
Ich fürchte, herauszuspringen wie eine Kanone.
Wie ein Fischauge.
Mich an dich zu saugen. Dich zu nähren wie eine Batterie.
Daß ich vorläufig für dich bin und dann tot.
Sing! Forsche! Sag wieder: Ich will dich,
Šalamun. Du hast es nicht geglaubt, nicht geglaubt.
Was für Felsen hast du strömen lassen!
Wieviel Licht hast du dann aus dir ergossen!
Während deine Härchen gewachsen sind und du sie
gestutzt hast, schriebst du die Bibel.
Wie ich dich riechen durfte!
Wie ich dich streicheln durfte!
Wie sich deine Stimme spannte –
als hättest du dich an Süßem festgesaugt –
als ich dich von fern rief.
Aufgeregt warst du. Heiß. Gut und weich wie
Brot. Seidig und freigebig.
Die Stadt, durch die du gegangen bist, dröhnte.
Wir haben getrunken. Ich weidete meine Seele,

du hast meine gebunden. Und dann flossen wir
ineinander wie zwei weiche Stoffpuppen und
wrangen uns aus, wie Prinz Marko
den Pelz auswrang, der seit Jahren trocknete,
und nur einen Tropfen herauswrang.
Und wenn du gefallen bist, hast du dir nicht weh getan.
Du hast mich gepackt. Hast mir den Kopf geschoren.
Äonenlang konnten wir nur liegen und
einander atmen hören.
Und nur ganz wenig bist du eingebrochen.
Oh, Seide! Kampf! Stunde! Dunkelblauer Bienenstock!
All deine harten Steine habe ich
zu einer weichen Masse verarbeitet und vermauert. Du hast mich
zärtlich weggestoßen und gesagt: Sei nicht
verrückt. Du bist zu verrückt. Und hast mich
zugedeckt, wenn du gespürt hast, daß ich mich abkühle.
Hast mich umarmt, obwohl du schon Lust hattest zu lesen.
Ich habe mich satt geweidet, als wäre ich in ein Kleefeld
      gedrungen.
Immer hast du mich nur ein wenig gebrochen,
so daß ich geschmeidiger aufstehen konnte.
Wirst du je aus meiner Seele entschweben, Zärtlicher?
Jetzt bin ich dein Stein.
Und festgeschmiedet.

Die Grenze

Weißt du, auch das Leiden verfault, und übrig bleibt
Staub.
Die Grenze ist mein lebendiger Leib.
Wenn der Bauer seine Rebhühner einheizt.
Recht er. Recht er.
Die Erde muß sauber werden.
Er zündet das trockene Gras an.
Er fällt das Holz und verkauft es.
Die Kinder tragen die Milch zu den Karren, damit
ihm die Genossenschaft Geld für das Gas gibt.
Er freut sich über den Regen, wenn er ihn braucht.
Und die Sonne, wenn es dem Korn paßt, nicht ihm.
Er ist frei.

Der Lack

Das Schicksal brütet mich aus. Manchmal wie ein Ei. Manchmal
patscht es mich mit seinen Pranken auf die Böschung. Ich schreie.
Wehre mich. Meinen ganzen Saft setze ich ein. Das darf ich nicht.
Das Schicksal kann mich auslöschen, das habe ich schon gespürt.

Wenn uns das Schicksal keinen Honig um den Mund schmiert,
    erfrieren
wir augenblicklich. Ich habe die Tage in der panischen Angst
    verbracht,
daß die Sonne nicht mehr aufgeht. Und heute mein letzter Tag ist.
Ich fühlte, wie mir das Licht aus den Händen glitt, und wenn

ich nicht genug Quarters in der Tasche hätte und Metkas
Stimme nicht sanft und freundlich genug wäre und konkret
und sachlich, würde mir die Seele aus dem Leib fahren,

was eines Tages passieren wird. Mit dem Tod muß man
freundlich umgehen. Er ist die Heimstatt, aus der wir stammen.
Wir leben nur einen Augenblick lang. Solange der Lack trocknet.

Wer vom Baum des Lebens ißt, verliert alle Sünden.

Mamma merda

Genies sind widerlich, monoton, furchtbar und erinnern
mich an Schildkrötenkiefer.
Scheißhaufen sind für die Menschen da.
Die Scheiße ist freundlich, wenn man sie kackt.
Sie glotzt und macht sich keine Sorgen.
Sie dampft wie ein Schwein.
Sie erinnert mich an die weißen Höhen von Bernsteinbergen.
An Gregorčič, zum Beispiel, konkret
mich, und an den blutigen Isonzo.
Das kann man mir nur aus divine frenzy nachsehen.
Denn das ist es auch, divine frenzy ist eine demokratische
Einrichtung, sie gehört allen, am meisten
den Kindern und den vierjährigen Vettern.
Sie kommen bei Familienfeiern zusammen und sagen
Scheiße, und schon überkommt sie eine göttliche Freude,
sie zittern und wälzen sich vor Glück und
göttlichem Taumel, und du sagst Hoppla!, das ist nicht
fair, ich bin der Vater, der Erzeuger,
ich habe das Fleisch erschaffen, statt mich mit
ihnen zu amüsieren, und wenn ich in die Rolle meines
Sohnes schlüpfe, verdränge ich ihn und werde an die Wand
    gedrückt.
Unschuldig ist man, solange man
unberührbar ist, deshalb ist es besser
nicht in der Nähe der Löschblätter
herumzulungern, die dich umzingeln –
die Scheiße ist mein Bruder, die Sünde ist furchtbar –
mit Söhnen.

Das Wachsein verdrängt den Menschen aus dem Leben.

Blüte

Wir Menschen sind. Blume und Wunde.
Blüte. Verdichte den Frühling auch für mich.

Der Leib Giordano Brunos

Hellbraunes Insekt, Königin Mutter,
deine Kackekugel ist gefährlich.
Deshalb wurde er verbrannt. Er hat
das protestantische Imaginarium eingeschlämmt,
und die katholischen Bilder traten über die Ränder.
Der Sigillus sigillorum schläft, wenn ihn
die Mutter der Pyramiden nicht berührt.
Mein ganzes Leben lang schreibe ich Siegel.
Ich bin das Wasser, das seinen Leib umspült.
Der Scheiterhaufen zähmt die Muskeln. Der Virus
ist im Computer, damit man
kein Siegel gießt, die säkularisierte
Krankheit, die von der Verteidigung übrig ist.
Hellbraunes Insekt, Königin Mutter,
du hast Zugang zu den Eisenhaken, die wie
Werkzeuge des Antlitzes im Mund hängen,
es gibt nicht einmal einen Feldweg auf Menorca, keine
mickrige Mauer, die nicht damit verbunden wäre.
Die Siegel zu lesen bedeutet die Materie aufzulösen.
Andro klettert und muß sich durchschlängeln.
Binnen weniger Stunden sind wir durchgeglüht,
dann schlabbern wir zwischen den Mauern und wälzen
die Kacke der heiligen Bienen für morgen.
Das Licht verzieht sich ins Schweigen,
der Heilige Geist gibt der Leere eine Mütze, dem Fisch
Luft, mit einem Mal verbindet er Punkt mit Punkt,
ein Blick zum Horizont, Vogelfüße werden
sichtbar, im Umschlag ist ein Sarg mit Federn und
Samt. Tonnenweise heraldischer Kitsch wurde

eingestreut, Aufmerksamkeit ist wie Milch.

Das Gras ist begründet.

Hellbraunes Insekt, Königin Mutter,

es fließt Blut aus dem Huhn im Zug

aus dem Freßpaket, mit Liebe geschnürt

am Anfang des Jahrhunderts,

braune Scheiße, Feigenmarmelade,

Bollwerke in der Wüste, wo die Achse ihre Punkte dreht,

Lanzen, und der Müllmann kehrt den Abfall auf einen Haufen.

Du bist wach

Ich erkenne ihn, Edoardo, ihn und seine
Schwiegermutter, jeder mit seinem Buch in
der Rue du Roi de Sicile im Marais in der

Libreria Italiana in Paris. Nur daß die La comunione
dei beni hier auf dem Tisch nicht diese Linien aufweist,
elf glühende Linien und die Widmung per Tomaž,

amico luminoso, wie die in meinem Zimmer.
Meine Nona und Dante haben dich geschickt.
Bei uns lag kein Staub. Das Geräusch des

Silberputzens in den weißen Sepiaknochen hat sich
verflüchtigt, und Metka ist krank und hustet und will
verzärtelt werden. Wir ahmen die Umlaufbahn des

anderen nach. Zu Weihnachten gleiten Pantoffeln über
die Kacheln. Die Vorhänge sind schwarz. Die Mauern
weiß. Andraž' Bild ist rot, und die Wunde verleiht

Stabilität. Gäbe es weder Loch noch Schnitt,
könnte nichts abfließen. Es würde weh tun und
anschwellen oder wäre leer und kümmerlich

und könnte weder aufstehen noch gehen. Die Laken
sollen dampfen und siedenden Oblaten gleichen.
Dem Kirschbaum wurde ein Garten verheißen.

Krieg

Erst Eis. Dann Kiefernwälder. Dann wieder Eis.
Menschenleben sind Härchen. Flüchtlingskolonnen,
Häuser in Flammen, Schreie wie das Kratzen der Farben

der Salamander auf der Haut in Millionen Jahren.
Ich möchte einen gelben Fleck. Die Sonne ist jetzt
verrenkt. Wir denken ziemlich viel darüber nach,

was unsere Pfoten sind. Die Speichen, auf
die man das Getreide spannt? Der rote Staub
reicht. Ein wenig Sulfat reicht. Und diese

Glätte auf dem Porzellan: Hält sie? Kaffeesatz,
wie von Riesen aus Eimern gegossen. Hier
steht Odessa. Hier sind Jagdhunde. Eine Krone,

die man der Zeit in die Brust pflanzt. Die säkularisierte
Variante ist, wie sich ein Huhn am Spieß dreht.
Die Scheibe läßt keine Wärme durch. Wer hat

sie durchsichtig gemacht? Wem gehört die Energie, die
unter den Zähnen knackt? Haben sie je einen Eimer in der
Wüste verschüttet? Als ob man Hühnern Schnee streute.

Griechenland

Zu viele Leben hast du gelebt. Hast dich nicht
gemeldet, kamst nicht. Ich erinnere mich an einen
Besuch etwa zehn Jahre danach aus deinen zermalmten

Jahren. Ich warf meinen Bademantel über meinen
Sohn, als er das Zimmer betrat. Damals war er
schon Segler und Ruderer. Du warst so sehr in

Vera verliebt, daß wir dachten, du würdest vom
Schiff fallen. Beinahe hätte man uns unser ganzes
Geld abgenommen, weil du es beim Zoll nicht gemeldet

hast. In Piräus hast du alles verloren,
Pyjama und Schlafsack. Vera kann sich jetzt kaum noch
an Dikan erinnern. Du hast ihn angesehen, als

wäre er ein griechischer Gott. Ich habe dir überhaupt
nie etwas gesagt. Wir haben nur auf der Terrasse
getanzt, ich wollte mich verabschieden. Ich wußte,

daß ich dich nach dem Abitur selten sehen werde.
Auf den Fotos bin ich nicht älter als deine
Mitschülerinnen. Ich bin die dritte Cousine deiner Mutter.

Die Nonos machten bei uns in Roino Rast auf
dem Weg zum Strand von Barcola. Ich hatte einen
Bruder und zwei Schwestern. Keiner war wie du.

Dolmen

O Blick aus dem Fenster, im Morgengrauen,
aus dem zehnten Stock aufs Meer,
den Leuchtturm und die Dampfer in Saint-Nazaire.
Derselbe Blick: die Keller Bar, am Ende der Christopher
Street, auf Ozeandampfer, die über den Hudson
gleiten wie hier über die Loire.
Hier olympisch und langsam, dort
saftig und frisch und schwarz,
der Schwarze, der in meinem Schoß weinte,
brachte mich hin.
Die Münder der Schwarzen sind seidiger rot als die Münder
der Weißen, weicher, furchtbarer, zärtlicher
und tiefer. Mehr wie die Mäuler der Kälber
im Karst, die unschuldig sterben,
noch ehe sie geschlachtet werden.
Du bist mein Stein, Kosovel.
Pech, Stricke, Planken,
Teer und das leise Gleiten der Reifen.
Deutlicher zu hören als die Brandung des Meeres.

Münze, du drehst dich leise, du fällst und steigst auf im
Alkohol, nicht du zischst, das Erdöl zischt.
Warum in Scharen, und warum schreien sie.
Sie reißen. Das Soda zerreißt den Blick.
Bis sich das Grün wieder legt,
o Plüsch der Kugeln.
Mit der Kreide berührst du den Stock kaum.
Das Meer hinter Glas ist der andere Pol des Zusammenstoßes
und trinkt es. Die Leute reißen wirklich.

Reißen, wie Tücher reißen. Dieser Kontinent ist
groß. Wenn er deine Lunge erfaßt, kann er sie
zerquetschen. Hier ist der Atlantik
massiv und grau, gespeist aus der
Loire. Steine, zerfurcht wie die Ewigkeit und
alt. Am Hudson zerreißen frische Raubtiere,
eins neben dem anderen, gierig Gebirge,
das Meer ist noch zu jung, um zu beruhigen.

Gedicht

Wo bin ich?
Wo steht mein Galgen?
Warum habe ich körnige Augen?
Die Stadt wird dir folgen.

Das Krokodil stopft meinen Körper in die Sprache.
Welchen Sinn hat es zu bleiben ohne
Trauer inmitten von künstlichen Feuern?
Ich kotze, denn ich habe

keine Trauer mehr. Ich ruhe mich
                                        kein bißchen aus.
Ich streichle deinen kleinen Körper nicht, Metka.
Du bist fern, und die Sprache ist nah.
In der Herde verschlingt sie mich.

Sie wälzt sich auf mich wie Hannibal mit seinen Eseln.
(Die Elefanten habe ich schon zu sehr bemüht;
ich hoffe, er hatte auch Esel.)
Meine Dichtung ist schon längst nicht mehr
glaubwürdig.

Vor lauter Glühen verfault sie.

Blumen

Meine Mutter war die Tochter eines Diamantenhändlers.
Sie durchschwamm den Heiligenschein.
Wir kauften eine Kuh zum Weiden.
Im Simplon-Express streichelten wir
Dienstmädchen.

Sie mußte kochen lernen.
Uroma konnte alles selbst machen,
außer Schuhen.
Wir trugen Bast.

Jeder der Uronkel-Barone
besuchte uns einmal
im Jahr. Genau dort, wo Nabokov gepißt hatte,
und ein paar Meter von der Stelle entfernt, wo
Onkel Gvido einen Hai nach diesem Schenkel
schnappen sah.

Als ich zum ersten Mal einen Geiger sah,
stieß mich jemand in einen Kaktus.

Ich verstand nicht, was Bögen sind.
Warum sie über die Saiten streichen.

Gehör

Der Wunsch, schnell zu sein, klont mich.
O wie dunkel und schwer und still die Glocke ist.
Gleichmäßige Intervalle beruhigen.
Warum sollte ich nicht einmal ganz einfach
sagen, daß ich mich vor dem Tod fürchte?

Fabjan Hafner
Jenseits der Bilder

Tomaž Šalamun, im Jahr des Eintritts Jugoslawiens in den Zwei-
ten Weltkrieg (1941) als Sohn slowenischer Eltern im kroatischen
Zagreb geboren, wuchs als ältestes von vier Kindern in der
Frachthafenstadt Koper an der slowenischen Adriaküste auf.
Sein Vater war Arzt und leitete nach dem Krieg jahrzehntelang
das dortige Klinikum. Der Hafen roch nach großer, weiter Welt;
das altösterreichische, inzwischen italienisch gewordene Triest
lag zum Greifen nah. Mit seinen künstlerischen Neigungen war
Tomaž in der Familie nicht allein: Der jüngere Bruder Andraž
wurde Maler, die Schwester Katarina heiratete nach Polen und
ist seit Jahrzehnten die bedeutendste Literaturvermittlerin zwi-
schen den beiden Ländern; ihr Sohn Miłosz Biedrzycki gilt als
herausragende Stimme der jungen polnischen Lyrik. Nur Jelka,
die jüngste Schwester, eine Lehrerin, ist in der Gegend ihrer
Kindheit geblieben.

Tomaž war ein sportbegeisterter Junge, mit einer außer-
gewöhnlichen Begabung für das Klavierspiel – ein richtiges
Wunderkind. Doch weder der Sport noch die Musik waren ihm
bestimmt. Auch dem bereits früh erwachenden Fernweh durfte
er, auf ausdrücklichen Wunsch der Eltern, nicht nachgeben.
Statt dessen mußte er – »schön brav«, wie es in einem seiner Ge-
dichte heißt – in der slowenischen Hauptstadt Ljubljana Kunst-
geschichte studieren. Er schloß das Studium ab und heiratete
Maruša Krese, die heute als Schriftstellerin in Berlin lebt; der
gemeinsame Sohn David schreibt ebenfalls, während sich die
Tochter Ana der bildenden Kunst widmet. Seit 1979 ist Tomaž
Šalamun in zweiter Ehe mit der Malerin Metka Krašovec ver-
heiratet. Dieser Abriß der familiären Situation ist durch die auf-

fällige autobiographische Grundierung von Šalamuns Schreiben gerechtfertigt, ja, geradezu unerläßlich. So selbstverständlich wie die antiken Gottheiten die Werke der poetae docti bevölkern die Protagonisten seiner Privatmythologie sein lyrisches Werk.

Šalamuns erste literarische Versuche waren nicht viel mehr als Studentenulk, motiviert vor allem dadurch, daß auch sein Mitbewohner Braco Rotar sich als Autor versuchte. Auslöser dieses ersten lyrischen Schubs waren zudem eine Ausstellung von Ferromontagen und die Begegnung mit der Dichtung von Dane Zajc (1929–2005), dem bedeutendsten slowenischen Lyriker der Generation vor Šalamun: In seinem frühesten Gedichtzyklus »Finsternis« von 1963 (vgl. S. 8f.) läßt er Zajc' Vorliebe für Genitivmetaphern ebenso anklingen wie dessen düsteren, raunenden Ton. Bereits damals, in den frühen sechziger Jahren, waren Šalamun Slowenien und das Slowenische nicht genug, Jugoslawien taugte bestenfalls zur Zwischenstation. Seine erste Prägung bleibt eine deutlich slawische, der Anfang von »Finsternis« greift einen Vers von Sergej Jessenin auf, der in der Übersetzung von Celan »In meiner Heimat leb ich nicht mehr gern« lautet.

Seinen Ruf als Tabubrecher und Antitraditionalist festigte Šalamun mit seiner »Duma 1964«, die auf das programmatische Großgedicht »Duma« von Oton Župančič (1878–1949) anspielt. Läßt man France Prešeren als slowenischen Goethe gelten, so muß auch der Vergleich Župančič' mit Schiller erlaubt sein. Wie dieser durchwandert auch Šalamun »unser Land«, doch trinkt er nicht dessen Schönheit, sondern bekommt ein Magengeschwür. War diese Anspielung durchaus gewollt, war es eine andere ganz und gar nicht: Der amtierende Polizeipräsident von Ljubljana hieß nämlich Maček (zu deutsch »Kater«) und war in vorsozialistischen Zeiten Zimmermann gewesen. Nun erkannte er sich in den Versen von der »krepierten Katze« und dem »Cimperman« (dem Namen eines minoren Dichters aus dem 19. Jahrhundert) wieder. Šalamun widerfuhr umgehend die zweifelhafte Ehre, als politischer Häftling im Gefängnis zu landen. Seine beiden ersten Bücher konnten nur im Selbstverlag erscheinen. In der offiziellen Literaturgeschichte gilt Šalamun nach wie vor als bilderstürmender Rabauke, doch wie sehr sein ironischer Bruch auch als Anschluß gelesen werden kann, belegt die Anekdote, daß sich Župančič' Witwe beim Lesen der »Duma 1964« vor Lachen nicht hatte halten können und hervorprustete: »Ach, hätte Oton das noch erleben können! Das hätte ihm gefallen.«

Doch Šalamun zieht es nicht nur hinab in die Abgründe der Tradition, sondern auch in eine fruchtbare Ferne. Als »Saisonarbeiter« hat er Amerika für sich entdeckt, auch wenn sein weites »Schreibland« ihn nicht ganz für den fast vollständigen Verlust der Heimat entschädigen kann: »Warum konnte ich / nur 20 % meiner Gedichte / zu Hause // schreiben / und warum muß ich ewig / aus dem Land // fliehen, / das ich gerne am liebsten / hätte, // um / nicht zu ersticken?« Hatten ihn in den sechziger Jahren noch die Kataloggedichte Guillaume Apollinaires fasziniert und der »polierte« Manierismus eines T. S. Eliot, hat er später in John Ashbery (studierter Kunsthistoriker wie er selbst) oder in Charles Simic (dem serbischstämmigen Pulitzerpreisträger) Geistesverwandte gefunden, was in geringerem Maße auch auf Frank O'Hara, Allen Ginsberg, Lawrence Ferlinghetti oder Robert Creeley zutrifft. Diese Liebe blieb nicht einseitig. Tomaž Šalamun wurde von Amerika gleichsam an Sohnes Statt angenommen; und das nicht erst, seit er, nach Jahren als freiberuflicher Autor, als slowenischer Kulturattaché an der Botschaft in New York tätig war. Und die jungen

Lyriker in den USA lesen und verehren ihn und eifern ihm nach wie vielleicht sonst nur noch in Polen.

Auch nach drei Dutzend seit 1966 in Slowenien erschienenen Gedichtbänden (Sammelbände nicht mitgezählt) wird Tomaž Šalamun in schöner Regelmäßigkeit von seinen kreativen Schüben »heimgesucht«. Die vorliegende, in enger Zusammenarbeit mit dem Autor entstandene Auswahl legt die Meilensteine und Höhepunkte eines Werkes vor, das sich – zwischen rücksichtslosem Ernst und spielerischer Ironie oszillierend – geschmeidig und elegant gegen jede vorschnelle Zuordnung sperrt: »Wer mich ironisch / liest, macht sich / schuldig // vor Gott.« Seine Übersetzer kann er schon das eine oder andere Mal mit der aufrichtigen Auskunft »Das ist unverständlich!« in Verlegenheit bringen. Šalamun verfolgt bewußt und konsequent eine Poetik der Unanschaulichkeit als Erweiterung der Möglichkeiten des Sagbaren und treibt so seine lyrische Landnahme voran. Er raucht die Welt en gros und en detail ohne Filter, entspannt sich und wird dabei nicht selten auch euphorisch: zwischen Unflat und den hehrsten Regionen des Religiösen, zwischen protzendem Eros und selbstkasteiender Demut erweitert er nicht nur seine eigene, sondern auch die Poesiefähigkeit seiner Leser.

Quellennachweis

Duma 1964. Aus: *Pesmi* (Gedichte). Ljubljana: Državna založba Slovenije 1979.

Finsternis I – II. Aus: *Poker*. Ljubljana [Selbstverlag] 1966.

ich behaupte. heilige wissenschaft. [entstanden 1968]. Aus: *Gozd in kelihi* (Der Wald und die Kelche). Ljubljana: Cankarjeva založba 2000.

jonas. sind die engel grün. der schatten. Aus: *Romanje za Maruško* (Auf Maruškas Fersen). Ljubljana: Cankarjeva založba 1971.

tote burschen. ich habe dich satt, inzest. piraten. ich bin ein maurer. rote blumen. wieder stille straßen. Aus: *Bela Itaka* (Weißes Ithaka). Ljubljana: Državna založba Slovenije 1972.

Legenden. Ich. Aus: *Amerika*. Maribor: Založba Obzorja 1972.

Der Hase. Nikola Tesla. Ljubljana. History. Aus: *Arena* (Die Arena). Koper: Lipa 1973.

Das Wort. Dichten. Aus: *Sokol* (Der Falke). Ljubljana: Mladinska knjiga 1974

Geburtstage. Aus: *Turbine* (Turbinen). Maribor: Založba Obzorja 1975.

Schwert. Aus: *Imre* (Imre). Ljubljana: Državna založba Slovenije 1975.

Acquedotto. Die Machthaber. Aus: *Praznik* (Das Fest). Ljubljana: Cankarjeva založba 1976.

Ich weiß. Aus: *Po sledeh divjadi* (Die Witterung des Wildes). Koper: Lipa 1979

Der Brief I – III. Volkslied. Das Pettauer Feld. Monstrum. Leere. Aus: *Maske* (Masken). Ljubljana: Mladinska knjiga 1980.

Epitaph. Am größten ist die Gnade. Wir Bauern. Ertrage deine Untat. Wenn ich, nackt. Mit meiner Zunge. Nicht nur ich. Der ungläubige Enkel. Manhattan. Dichtung. Gebet. Korn. Aus: *Balada za Metko Krašovec* (Ballade für Metka Krašovec). Ljubljana: Državna založba Slovenije 1981.

Alle jungen Polizisten. Aus: *Analogije svetlobe* (Analogien des Lichts). Ljubljana: Cankarjeva založba 1982.

D. H. Lawrence. Alojz Wagner. Valdoltra. Der Fisch. Heim. Erziehung. Aus: *Glas* (Die Stimme). Maribor: Založba Obzorja 1983.

Das Häschen Oaxaqueño. Aus: *Sonet o mleku* (Sonett über die Milch). Ljubljana: Mladinska knjiga 1984.

An die tauben Brüder. Robi. Aus: *Soy realidad*. Koper: Lipa 1985.

Licht für Hamdija Demirović. Aus: *Ljubljanska pomlad* (Laibacher Frühling). Ljubljana: Državna založba Slovenije 1986.

Der Hirte. Die Vögel. Nicht der Mord. Ich verspreche dir. Einen Helden unserer Zeit. Lesen: Lieben. Pont neuf. Aus: *Mera časa* (Das Maß der Zeit). Ljubljana: Cankarjeva založba 1987.

Hört auf mich. Aus: *Živa rana, živi sok* (Lebenswunde, Lebenssaft). Maribor: Založba Obzorja 1988.

Rathenau. Puppe, Grab. Die Grenze. Aus: *Otrok in jelen* (Das Kind und der Hirsch). Celovec/Klagenfurt: Wieser 1990.

Der Lack. Aus: *Ambra*. Ljubljana: Mihelač 1995.

Wer vom Baum. Mamma merda. Das Wachsein. Blüte. Aus: *Črni labod* (Der schwarze Schwan). Ljubljana: Mihelač 1997.

Der Leib Giordano Brunos. Du bist wach. Aus: *Knjiga za mojega brata* (Buch für meinen Bruder). Ljubljana: Mladinska knjiga 1997.

Krieg. Griechenland. Dolmen. Aus: *Morje* (Das Meer). Ljubljana: Nova revija 1999.

Gedicht. Blumen. Gehör. Aus: *Sončni voz* (Der Sonnenwagen). Ljubljana: Študentska založba 2005.

Inhalt